AF203790

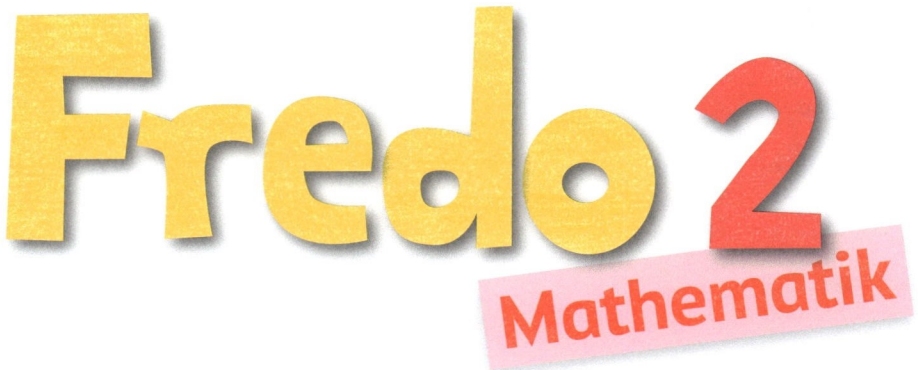

Förderheft

Erarbeitet von
Mechtilde Balins
Rita Dürr
Nicole Franzen-Stephan
Petra Gerstner
Ute Plötzer
Anne Strothmann
Margot Torke
Lilo Verboom

Unter Beratung von
Christian Bussebaum,
Mathematisch-Lerntherapeu-
tisches Institut Düsseldorf

Illustriert von
Cleo-Petra Kurze
Martina Theisen

 Deine **interaktiven Gratis-Übungen** findest du hier:

1. Gib den unten stehenden Zugangscode in die Box ein.
2. Hab viel Spaß mit deinen Gratis-Übungen.

Dein Zugangscode auf
go.cornelsen.de | ufcyo-tvd3d

Oldenbourg Schulbuchverlag, München

Inhaltsverzeichnis

Fredo 2 Mathematik – Förderheft © 2018 Cornelsen Verlag GmbH, Berlin

1 Ergänze zur 10.

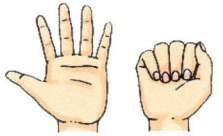 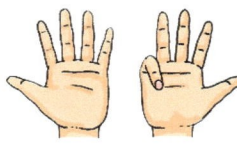 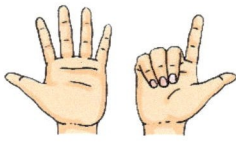

5 + ___ = 10   9 + ___ = 10   7 + ___ = 10

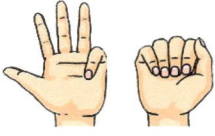 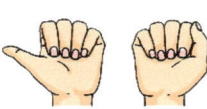 

4 + ___ = 10   1 + ___ = 10   3 + ___ = 10

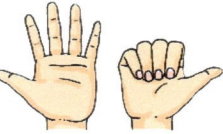 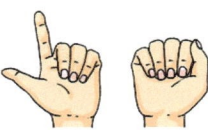 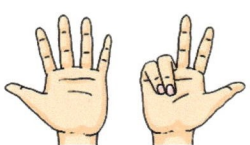

6 + ___ = 10   2 + ___ = 10   8 + ___ = 10

Partner-
aufgaben

2 Schreibe die Partneraufgaben auf.

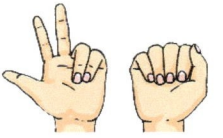 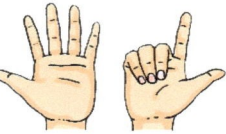 

___ + ___ = 10   ___ + ___ = 10   ___ + ___ = 10

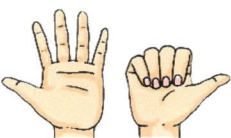 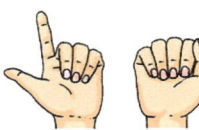 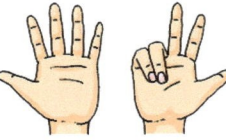

___ + ___ = 10   ___ + ___ = 10   ___ + ___ = 10

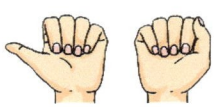 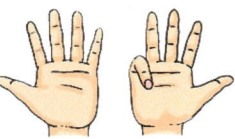 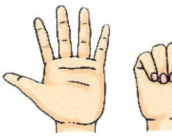

___ + ___ = 10   ___ + ___ = 10   ___ + ___ = 10

Fredo 2 Mathematik – Förderheft © 2018 Cornelsen Verlag GmbH, Berlin

Partner-
aufgaben

6 + 7

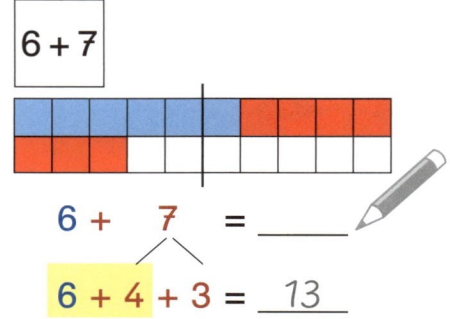

6 +   7   = _____

6 + 4 + 3 = _13_

5 + 8

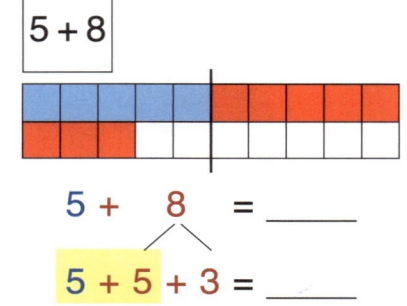

5 +   8   = _____

5 + 5 + 3 = _____

7 + 9

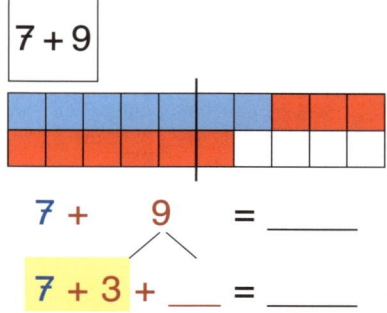

7 +   9   = _____

7 + 3 + __ = _____

8 + 6

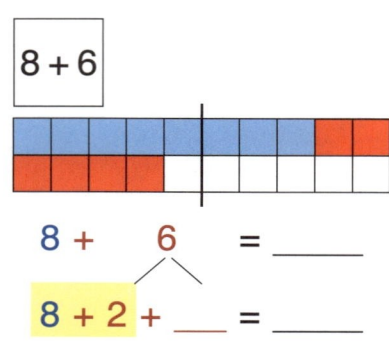

8 +   6   = _____

8 + 2 + __ = _____

7 + 8

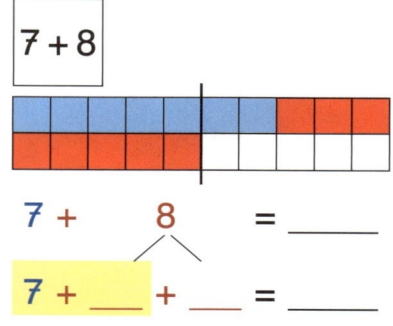

7 +   8   = _____

7 + __ + __ = _____

8 + 4

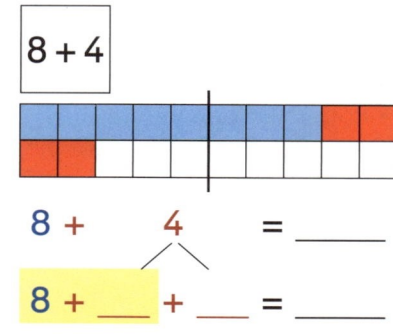

8 +   4   = _____

8 + __ + __ = _____

5 + 6

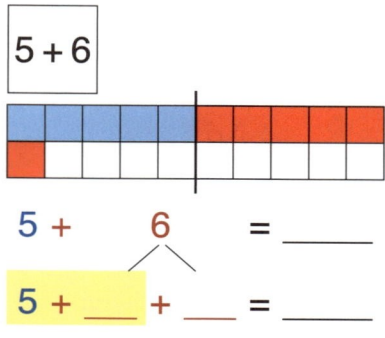

5 +   6   = _____

5 + __ + __ = _____

8 + 9

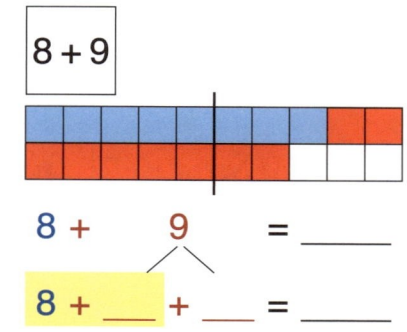

8 +   9   = _____

8 + __ + __ = _____

Fredo 2 Mathematik – Förderheft © 2018 Cornelsen Verlag GmbH, Berlin

Werkzeugkoffer: Plusaufgaben

Rechne bis zur 10
und dann weiter.

Partner-
aufgaben

7 + 5 = ____ 7 + 3 + 2 = _12_	7 + 6 = ____ 7 + 3 + 3 = ____	7 + 7 = ____ 7 + 3 + 4 = ____
8 + 4 = ____ 8 + 2 + 2 = ____	8 + 5 = ____ 8 + 2 + 3 = ____	8 + 6 = ____ 8 + 2 + 4 = ____
9 + 3 = ____ 9 + 1 + ___ = ____	9 + 4 = ____ 9 + 1 + ___ = ____	9 + 5 = ____ 9 + 1 + ___ = ____
6 + 5 = ____ 6 + 4 + ___ = ____	6 + 6 = ____ 6 + 4 + ___ = ____	6 + 7 = ____ 6 + 4 + ___ = ____
8 + 3 = ____ 8 + ___ + ___ = ____	8 + 4 = ____ 8 + ___ + ___ = ____	8 + 5 = ____ 8 + ___ + ___ = ____
5 + 6 = ____ 5 + ___ + ___ = ____	5 + 7 = ____ 5 + ___ + ___ = ____	5 + 8 = ____ 5 + ___ + ___ = ____

1 Zurück zur 10: Schreibe die passende Minusaufgabe.

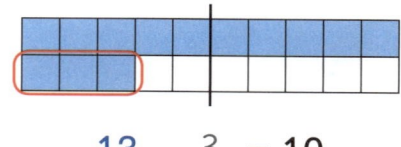

13 − _3_ = 10

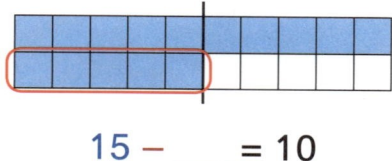

15 − ___ = 10

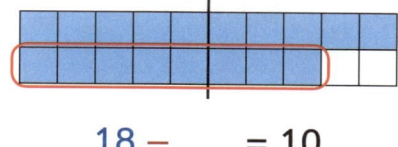

18 − ___ = 10

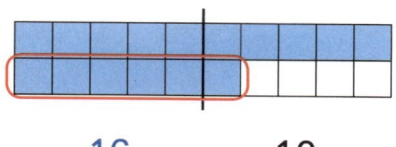

16 − ___ = 10

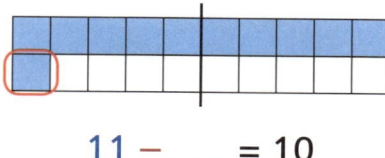

11 − ___ = 10

20 − _____ = 10

2 Kreise ein.

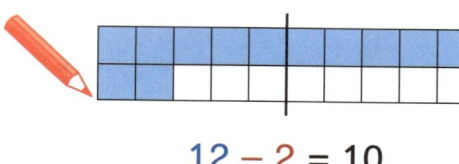

12 − 2 = 10

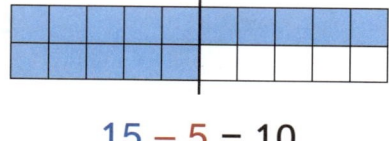

15 − 5 = 10

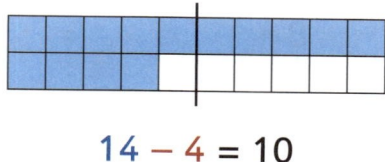

14 − 4 = 10

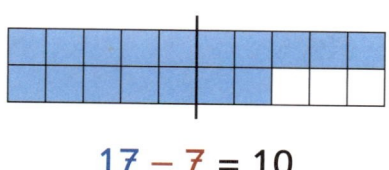

17 − 7 = 10

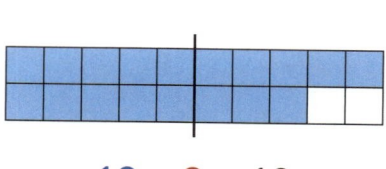

18 − 8 = 10

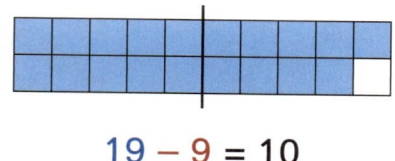

19 − 9 = 10

Fredo 2 Mathematik – Förderheft © 2018 Cornelsen Verlag GmbH, Berlin

Kreise ein und rechne.

Zur 10 und dann weiter

12 – 7

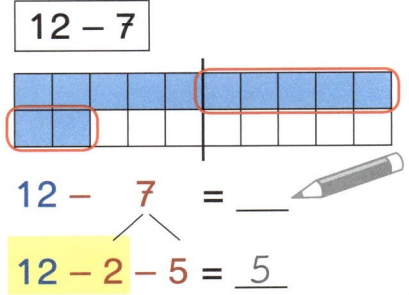

12 – 7 = ___

12 – 2 – 5 = 5

17 – 9

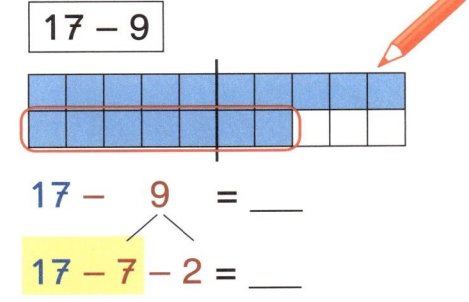

17 – 9 = ___

17 – 7 – 2 = ___

15 – 8

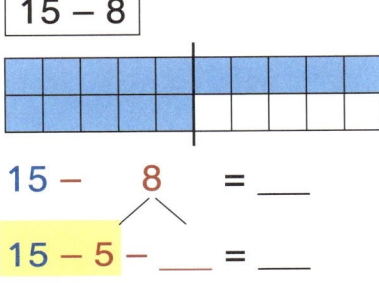

15 – 8 = ___

15 – 5 – ___ = ___

13 – 6

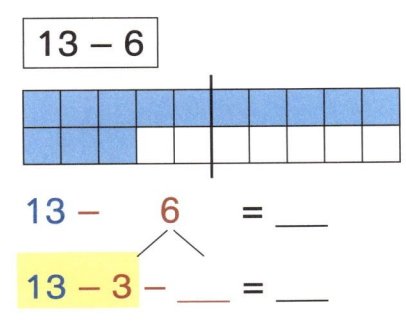

13 – 6 = ___

13 – 3 – ___ = ___

11 – 7

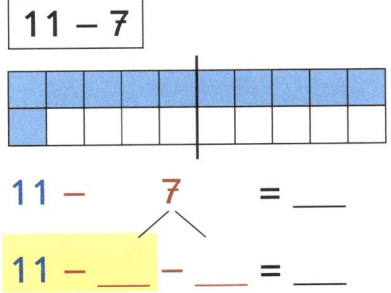

11 – 7 = ___

11 – ___ – ___ = ___

14 – 6

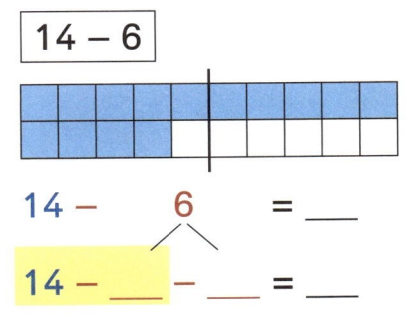

14 – 6 = ___

14 – ___ – ___ = ___

16 – 9

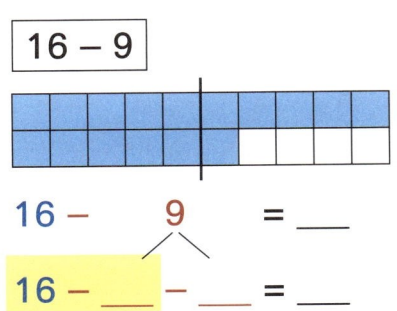

16 – 9 = ___

16 – ___ – ___ = ___

13 – 5

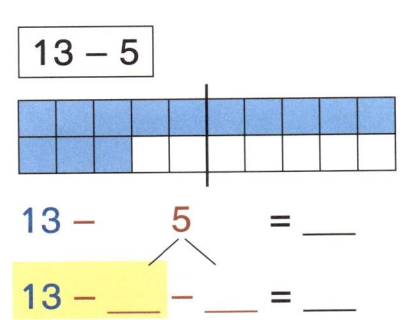

13 – 5 = ___

13 – ___ – ___ = ___

Fredo 2 Mathematik – Förderheft © 2018 Cornelsen Verlag GmbH, Berlin

Rechne bis zur 10
und dann weiter.

Zur 10 und
dann weiter

13 −   5   = ___
13 − 3 − 2 = _8_

13 −   6   = ___
13 − 3 − 3 = ___

13 −   7   = ___
13 − 3 − 4 = ___

12 −   4   = ___
12 − 2 − 2 = ___

12 −   5   = ___
12 − 2 − 3 = ___

12 −   6   = ___
12 − 2 − 4 = ___

14 −   5   = ___
14 − 4 − ___ = ___

14 −   6   = ___
14 − 4 − ___ = ___

14 −   7   = ___
14 − 4 − ___ = ___

15 −   6   = ___
15 − 5 − ___ = ___

15 −   7   = ___
15 − 5 − ___ = ___

15 −   8   = ___
15 − 5 − ___ = ___

16 −   7   = ___
16 − ___ − ___ = ___

16 −   8   = ___
16 − ___ − ___ = ___

16 −   9   = ___
16 − ___ − ___ = ___

11 −   5   = ___
11 − ___ − ___ = ___

11 −   6   = ___
11 − ___ − ___ = ___

11 −   7   = ___
11 − ___ − ___ = ___

Fredo 2 Mathematik – Förderheft © 2018 Cornelsen Verlag GmbH, Berlin

Notiere den Unterschied.

3	7

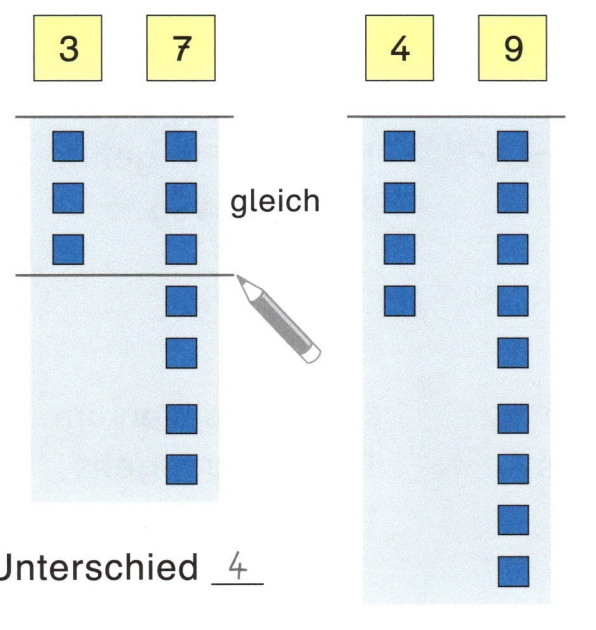

gleich

Unterschied 4

4	9

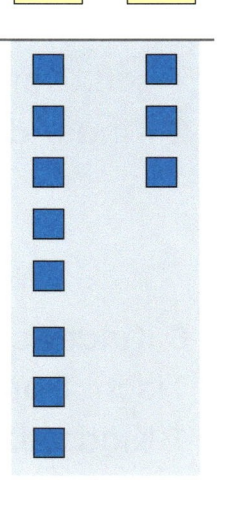

Unterschied ___

8	3

Unterschied ___

2	9

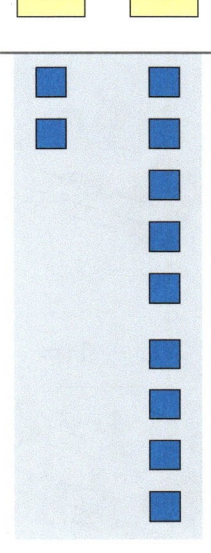

Unterschied ___

1	7

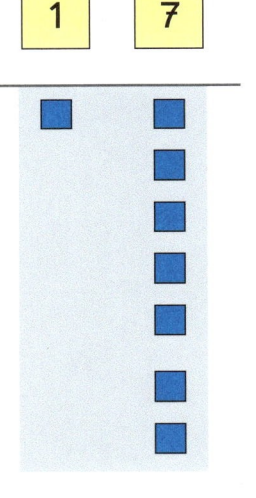

Unterschied ___

9	6

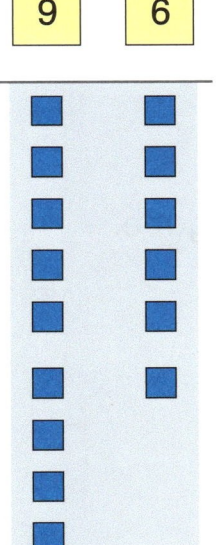

Unterschied ___

7	2

Unterschied ___

8	2

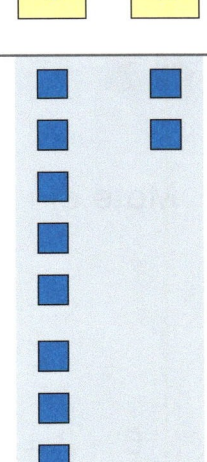

Unterschied ___

1 Welche Rechengeschichte gehört zur Rechnung?
Kreuze an und rechne.

4 + 2 = ___

4 Kinder sitzen am Tisch. Dann **kommen** 2 Kinder **dazu**.	4 Kinder sitzen am Tisch. Dann **gehen** 2 Kinder **weg**.
☒	☐

6 − 1 = ___

6 Kinder sitzen am Tisch. Dann **kommt** 1 Kind **dazu**.	6 Kinder sitzen am Tisch. Dann **geht** 1 Kind **weg**.
☐	☐

8 − 2 = ___

8 Kinder spielen mit dem Tuch. Dann **kommen** 2 Kinder **dazu**.	8 Kinder spielen mit dem Tuch. Dann **gehen** 2 Kinder **weg**.
☐	☐

8 + 2 = _____

8 Kinder spielen mit dem Tuch. Dann **kommen** 2 Kinder **dazu**.	8 Kinder spielen mit dem Tuch. Dann **gehen** 2 Kinder **weg**.
☐	☐

2 Male ein passendes Bild zu der Aufgabe.

6 − 2 = ___

Fredo 2 Mathematik – Förderheft © 2018 Cornelsen Verlag GmbH, Berlin

Wie viele Würfel sind es?

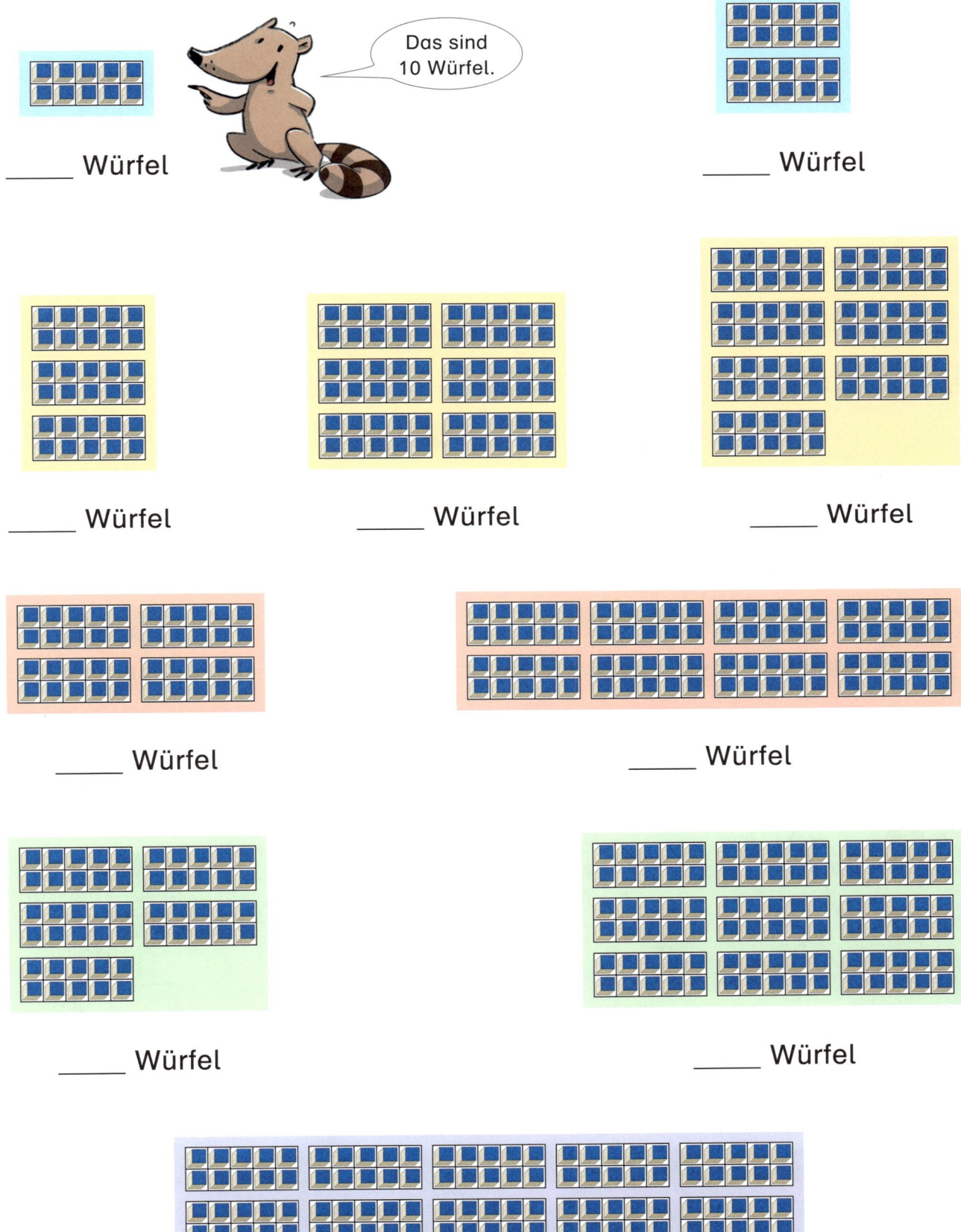

_____ Würfel

Das sind 10 Würfel.

_____ Würfel

_____ Würfel

_____ Würfel

_____ Würfel

_____ Würfel

_____ Würfel

_____ Würfel

_____ Würfel

_____ Würfel

Rechnen mit Zehnerzahlen

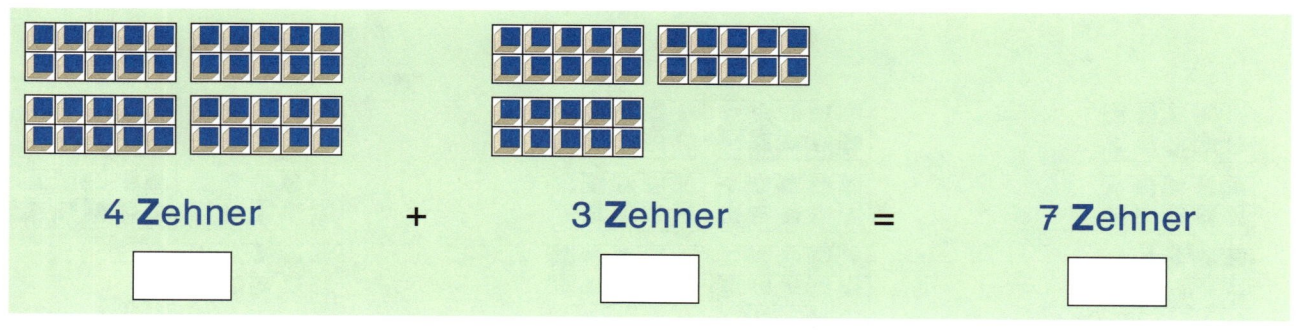

3 **Z**ehner	+	2 **Z**ehner	=	5 **Z**ehner
3 0		2 0		

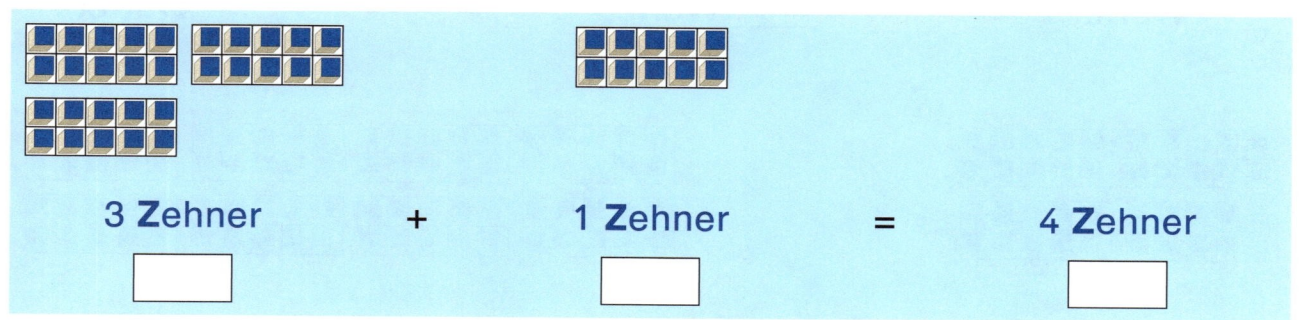

4 **Z**ehner	+	3 **Z**ehner	=	7 **Z**ehner

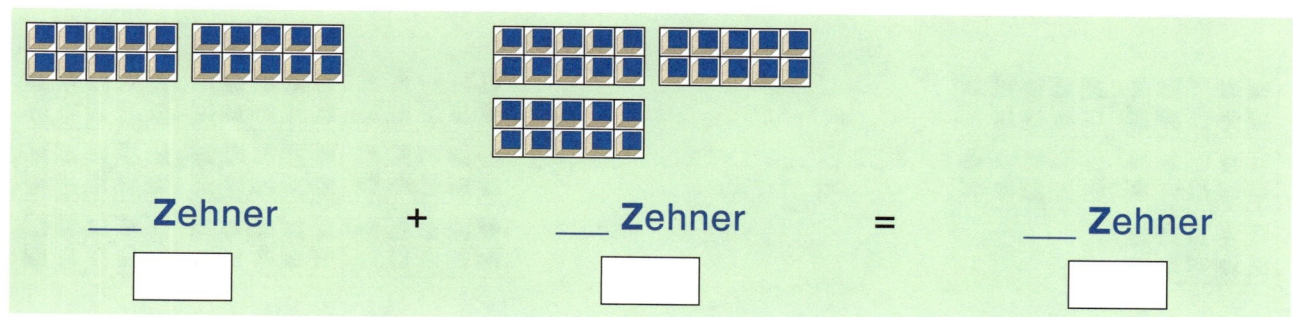

3 **Z**ehner	+	1 **Z**ehner	=	4 **Z**ehner

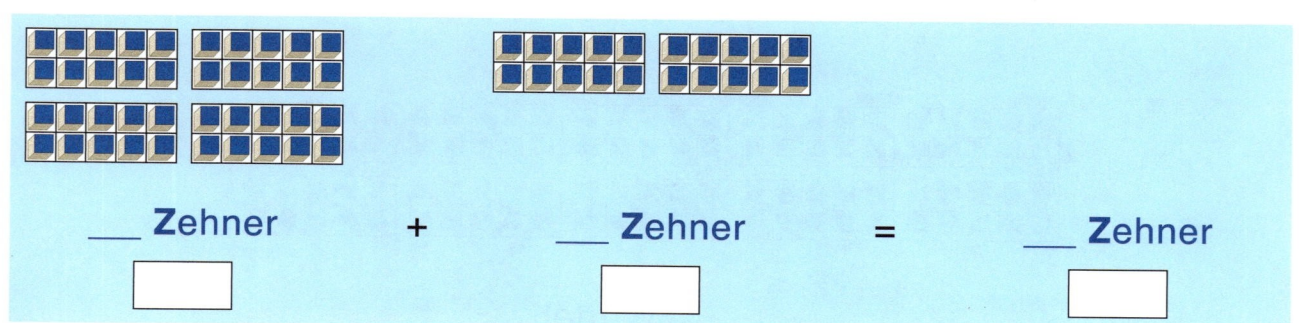

___ **Z**ehner	+	___ **Z**ehner	=	___ **Z**ehner

___ **Z**ehner	+	___ **Z**ehner	=	___ **Z**ehner

Fredo 2 Mathematik – Förderheft © 2018 Cornelsen Verlag GmbH, Berlin

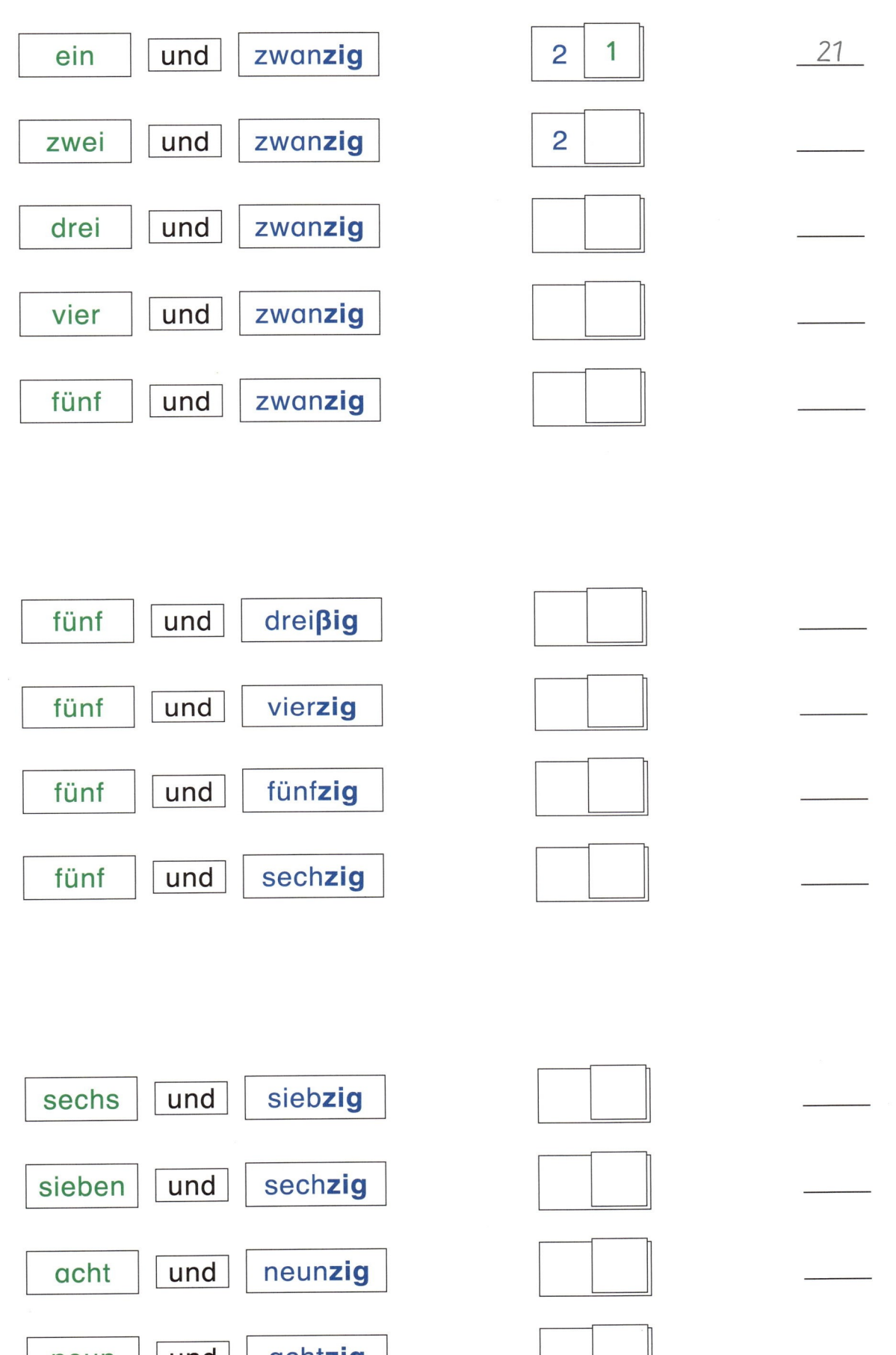

ein	und	zwan**zig**		2	1		_21_
zwei	und	zwan**zig**		2			——
drei	und	zwan**zig**					——
vier	und	zwan**zig**					——
fünf	und	zwan**zig**					——

fünf	und	drei**ßig**					——
fünf	und	vier**zig**					——
fünf	und	fünf**zig**					——
fünf	und	sech**zig**					——

sechs	und	sieb**zig**					——
sieben	und	sech**zig**					——
acht	und	neun**zig**					——
neun	und	acht**zig**					——

➡ Beilage zum Schülerbuch: Seguin-Karten

Lege mit Zahlenkarten 4 3 . Schreibe die passende Aufgabe.

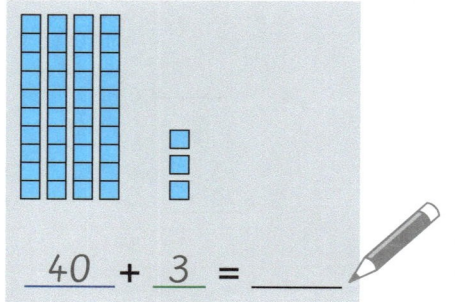

__40__ + __3__ = _____

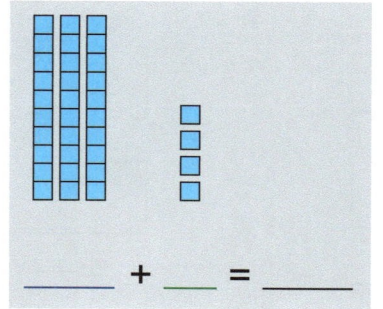

_____ + ___ = _____

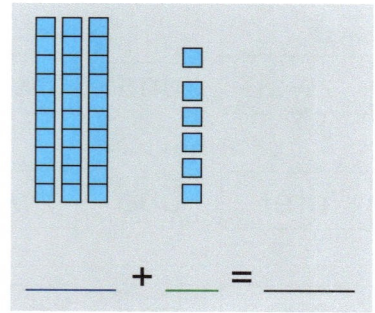

_____ + ___ = _____

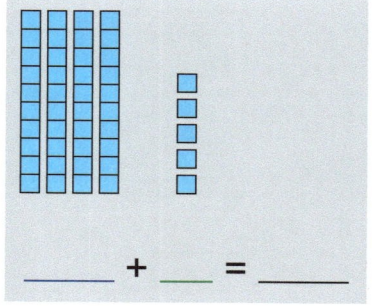

_____ + ___ = _____

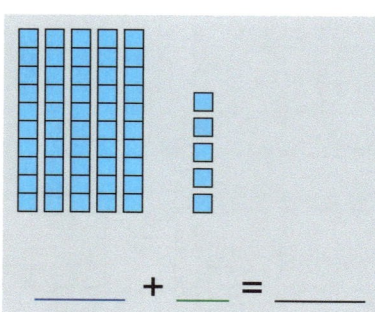

_____ + ___ = _____

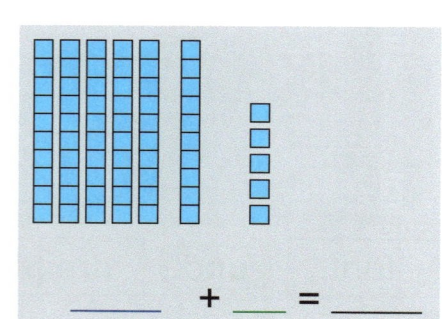

_____ + ___ = _____

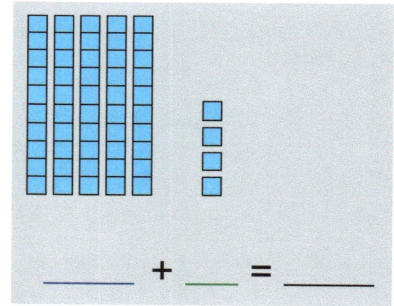

_____ + ___ = _____

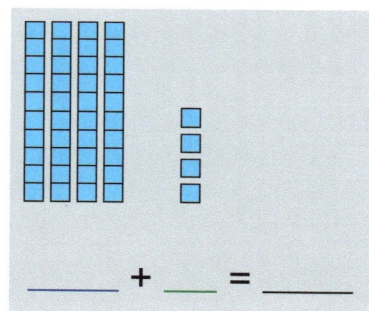

_____ + ___ = _____

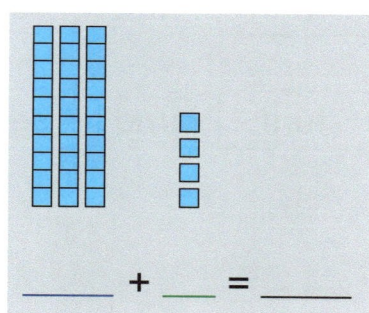

_____ + ___ = _____

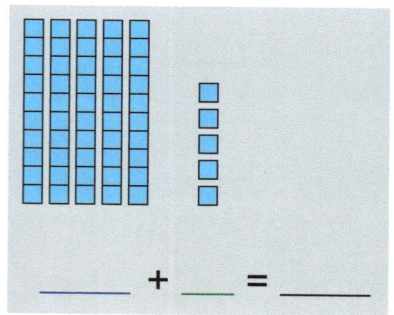

_____ + ___ = _____

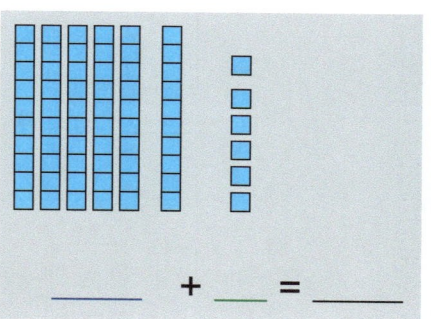

_____ + ___ = _____

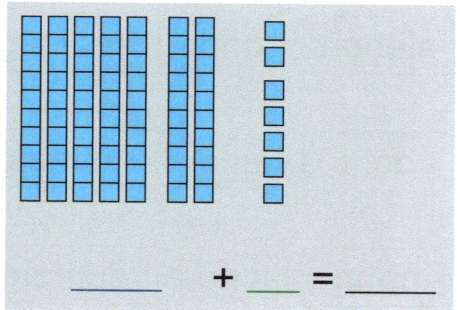

_____ + ___ = _____

➡ Beilage zum Schülerbuch: Seguin-Karten

Fredo 2 Mathematik – Förderheft © 2018 Cornelsen Verlag GmbH, Berlin

1 Fredos Geheimschrift: Welche Zahlen sind das?

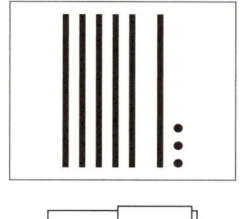
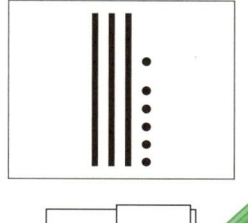
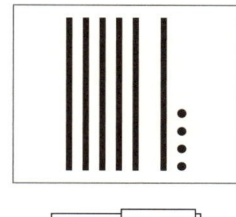
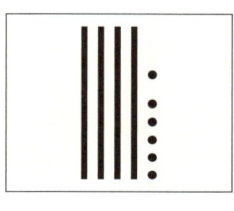

| 6 | 3 | | 3 | | | | | | | |

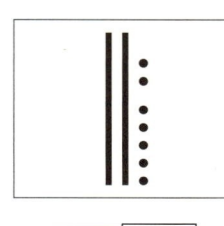
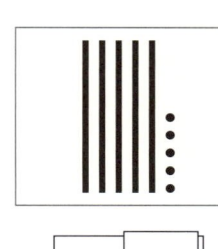

2 Zeichne wie Fredo.

| 1 | 5 | | 2 | 6 | | 3 | 2 | | 4 | 4 |

| 5 | 3 | | 6 | 7 | | 4 | 5 | | 2 | 3 |

Fredo 2 Mathematik – Förderheft © 2018 Cornelsen Verlag GmbH, Berlin

➡ Beilage zum Schülerbuch: Seguin-Karten

Hunderterfeld

1 Male zu jeder Zahl noch **einen Zehner** dazu.

aus ___52___

wird ___62___

52 **+ 10 =** _____

aus ___36___

wird ___46___

36 **+ 10 =** _____

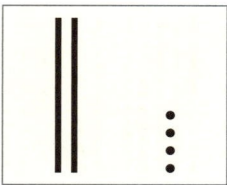

aus ___24___

wird ___34___

_____ **+ 10 =** _____

aus _____

wird _____

_____ **+ 10 =** _____

aus _____

wird _____

_____ **+ 10 =** _____

aus _____

wird _____

_____ **+ 10 =** _____

2 Male zu jeder Zahl noch **zwei Zehner** dazu.

aus ___52___

wird ___72___

52 **+ 20 =** _____

aus ___36___

wird ___56___

36 **+ 20 =** _____

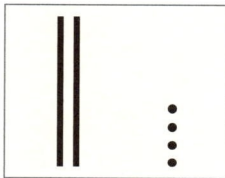

aus ___24___

wird ___44___

_____ **+ 20 =** _____

aus _____

wird _____

_____ **+ 20 =** _____

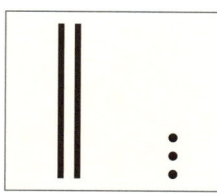

aus _____

wird _____

_____ **+ 20 =** _____

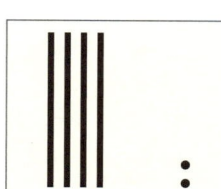

aus _____

wird _____

_____ **+ 20 =** _____

Fredo 2 Mathematik – Förderheft © 2018 Cornelsen Verlag GmbH, Berlin

Hunderterfeld

1 Male zu jeder Zahl noch **zwei Einer** dazu.

aus _52_

wird _54_

52   + 2 = _____

aus _36_

wird _38_

36   + 2 = _____

aus _24_

wird _26_

_____ + 2 = _____

aus _____

wird _____

_____ + 2 = _____

aus _____

wird _____

_____ + 2 = _____

aus _____

wird _____

_____ + 2 = _____

2 Male zu jeder Zahl noch **drei Einer** dazu.

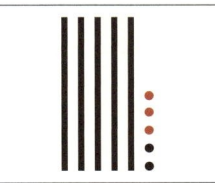

aus _52_

wird _55_

52   + 3 = _____

aus _36_

wird _39_

36   + 3 = _____

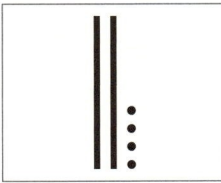

aus _24_

wird _27_

_____ + 3 = _____

aus _____

wird _____

_____ + 3 = _____

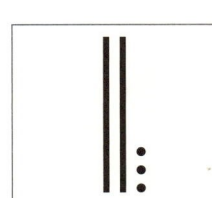

aus _____

wird _____

_____ + 3 = _____

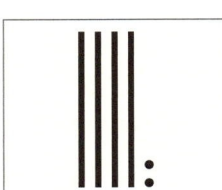

aus _____

wird _____

_____ + 3 = _____

Fredo 2 Mathematik – Förderheft © 2018 Cornelsen Verlag GmbH, Berlin

Zahlenreihe

1 Vorwärts und rückwärts zählen

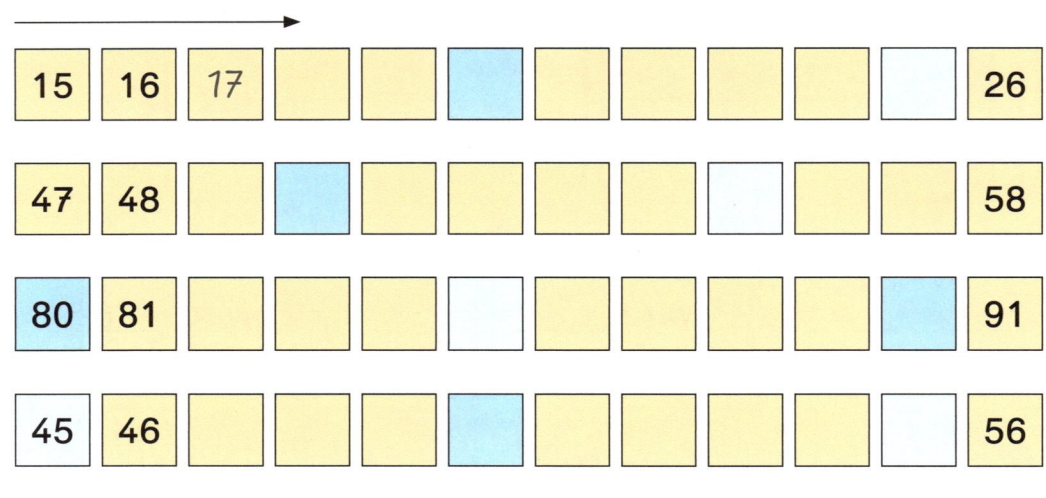

2 Zeige die Zahl. Schreibe die Nachbarzahlen.

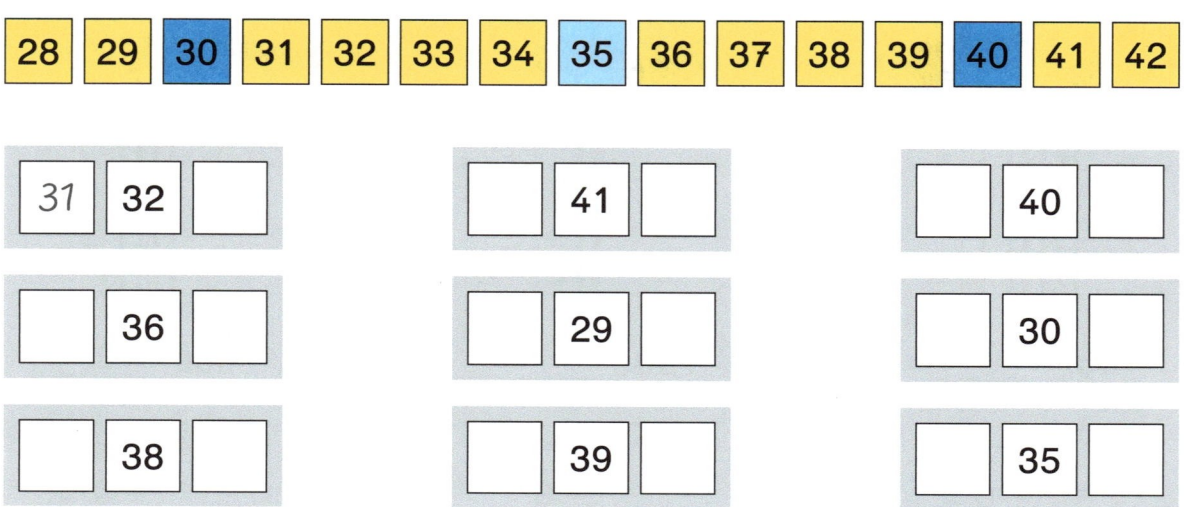

Fredo 2 Mathematik – Förderheft © 2018 Cornelsen Verlag GmbH, Berlin

Zahlenreihe

Suche die Zahl und kreise sie ein. Notiere die Nachbar-Zehner.

| 49 | 50 | 51 | 52 | 53 | 54 | 55 | 56 | (57) | 58 | 59 | 60 | 61 |

_50_ , 57, _____

| 49 | 50 | 51 | 52 | 53 | 54 | 55 | 56 | 57 | 58 | 59 | 60 | 61 |

_____ , 53, _____

| 39 | 40 | 41 | 42 | 43 | 44 | 45 | 46 | 47 | 48 | 49 | 50 | 51 |

_____ , 46, _____

| 69 | 70 | 71 | 72 | 73 | 74 | 75 | 76 | 77 | 78 | 79 | 80 | 81 |

_____ , 78, _____

| 19 | 20 | 21 | 22 | 23 | 24 | 25 | 26 | 27 | 28 | 29 | 30 | 31 |

_____ , 21, _____

| 29 | 30 | 31 | 32 | 33 | 34 | 35 | 36 | 37 | 38 | 39 | 40 | 41 |

_____ , 34, _____

| 59 | 60 | 61 | 62 | 63 | 64 | 65 | 66 | 67 | 68 | 69 | 70 | 71 |

_____ , 65, _____

| 79 | 80 | 81 | 82 | 83 | 84 | 85 | 86 | 87 | 88 | 89 | 90 | 91 |

_____ , 89, _____

Fredo 2 Mathematik – Förderheft © 2018 Cornelsen Verlag GmbH, Berlin

Zahlen vergleichen

Vergleiche: ⟩ oder ⟨? Begründe.

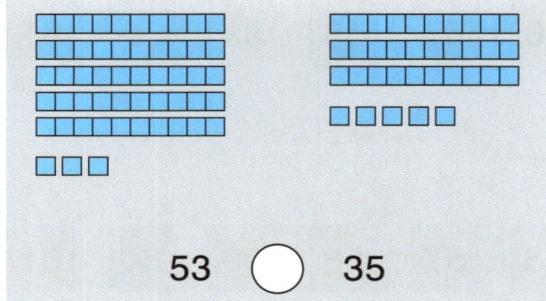

53 ◯ 35

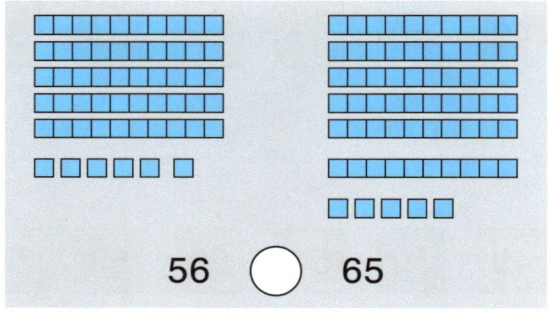

56 ◯ 65

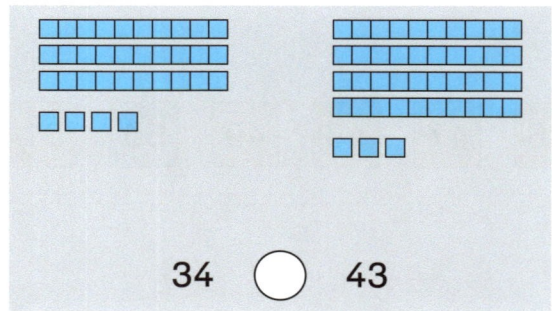

34 ◯ 43

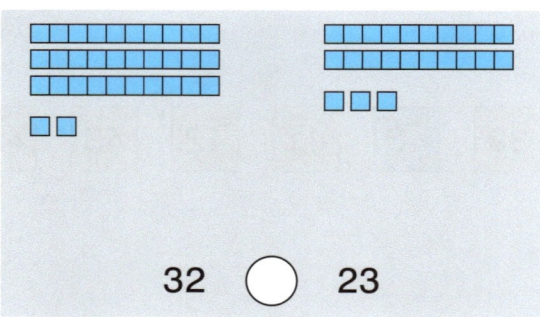

32 ◯ 23

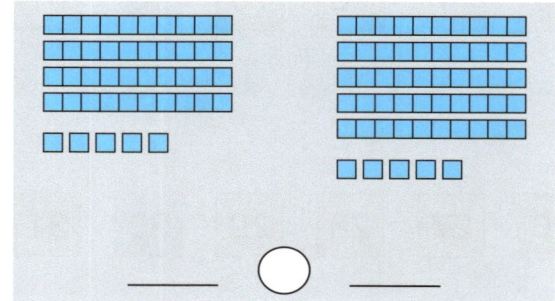

___ ◯ ___

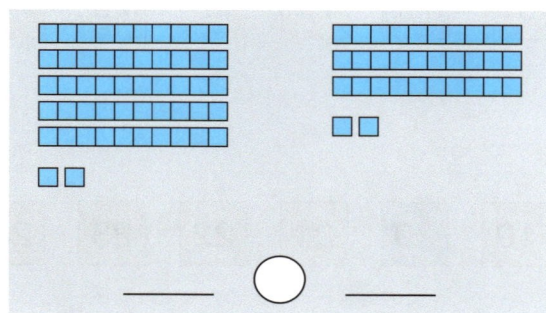

___ ◯ ___

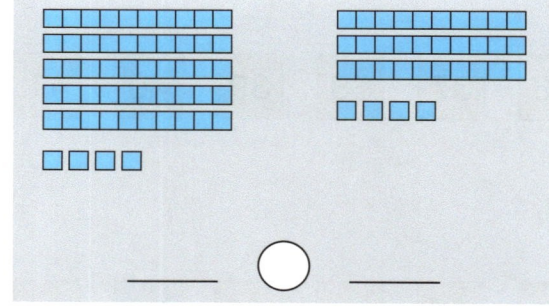

___ ◯ ___

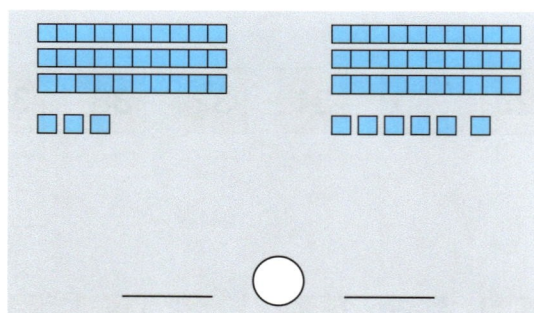

___ ◯ ___

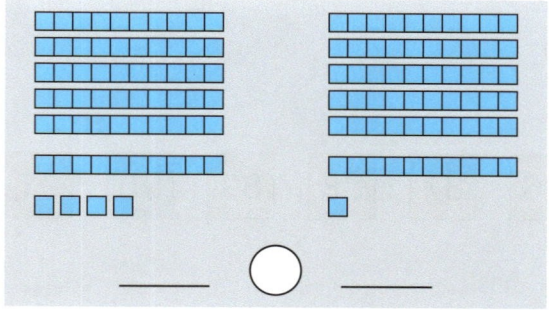

___ ◯ ___

___ ◯ ___

Fredo 2 Mathematik – Förderheft © 2018 Cornelsen Verlag GmbH, Berlin

1 Zerlege 100.

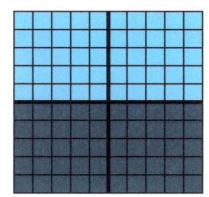

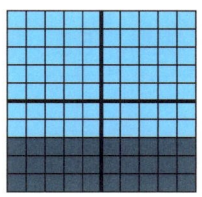

100 = _50_ + _50_   100 = ____ + ____   100 = ____ + ____

100 = ____ + ____   100 = ____ + ____   100 = ____ + ____

2 Zerlege 100.

100 = _55_ + _45_   100 = ____ + ____   100 = ____ + ____

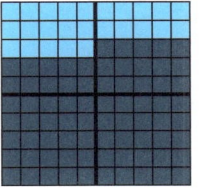
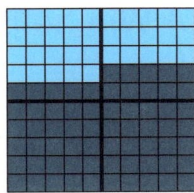

100 = ____ + ____   100 = ____ + ____   100 = ____ + ____

Zahlenstrahl

1 a) Trage diese Zahlen ein.

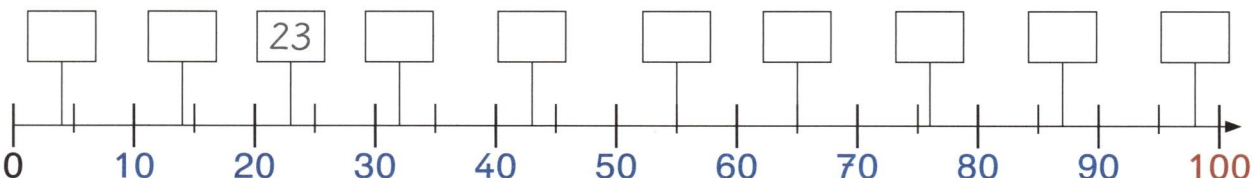

b) Wie heißen die Nachbar-Zehner?

_____, 14, _____   _____, 23, _____   _____, 32, _____

_____, 43, _____   _____, 55, _____   _____, 65, _____

_____, 76, _____   _____, 87, _____   _____, 98, _____

2 a) Wo liegen die Zahlen ungefähr?
Verbinde sie mit dem Zahlenstrahl.

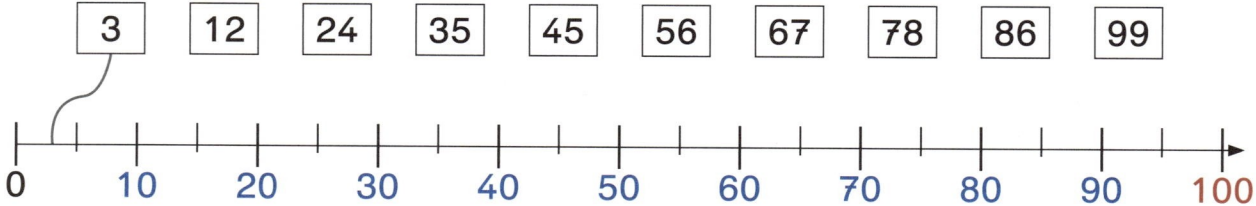

b) Wie heißen die Nachbar-Zehner?

_____, 12, _____   _____, 24, _____   _____, 35, _____

_____, 45, _____   _____, 56, _____   _____, 67, _____

_____, 78, _____   _____, 86, _____   _____, 99, _____

Fredo 2 Mathematik – Förderheft © 2018 Cornelsen Verlag GmbH, Berlin

Zahlenstrahl

Vor und **zurück** zum Nachbar-Zehner

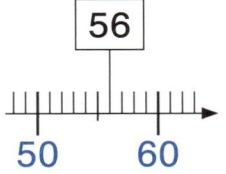

56 + _4_ = 60

56 − _6_ = 50

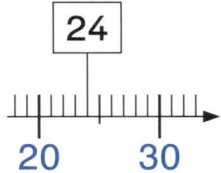

24 + ___ = 30

24 − ___ = 20

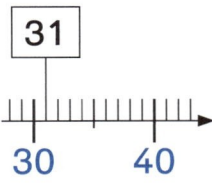

31 + ___ = 40

31 − ___ = 30

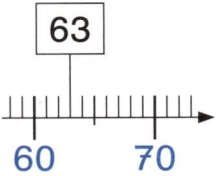

63 + ___ = _____

63 − ___ = _____

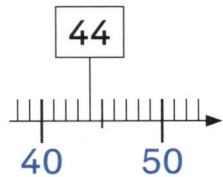

44 + ___ = _____

44 − ___ = _____

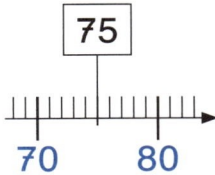

75 + ___ = _____

75 − ___ = _____

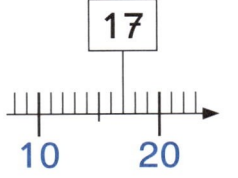

17 + ___ = _____

17 − ___ = _____

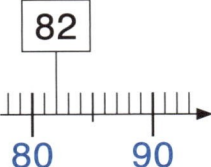

82 + ___ = _____

82 − ___ = _____

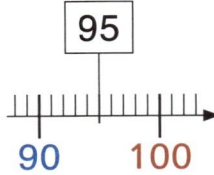

95 + ___ = _____

95 − ___ = _____

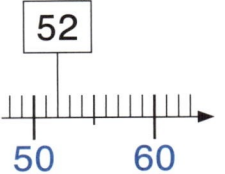

52 + ___ = _____

52 − ___ = _____

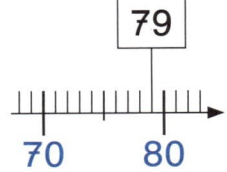

79 + ___ = _____

79 − ___ = _____

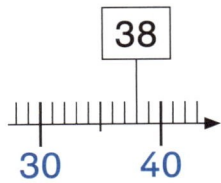

38 + ___ = _____

38 − ___ = _____

Fredo 2 Mathematik – Förderheft © 2018 Cornelsen Verlag GmbH, Berlin

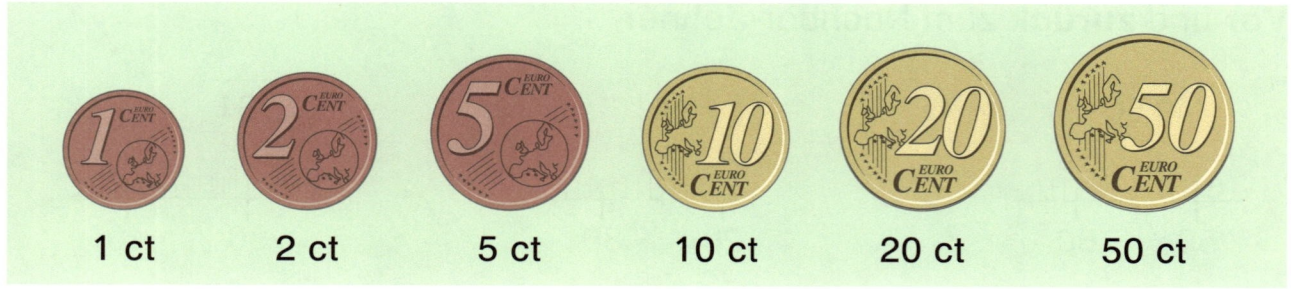

| 1 ct | 2 ct | 5 ct | 10 ct | 20 ct | 50 ct |

Wie viel Cent sind es?

_____25_____ ct

_____ ct

_____ ct

_____ ct

_____ ct

_____ ct

_____ ct

_____ ct

_____ ct

_____ ct

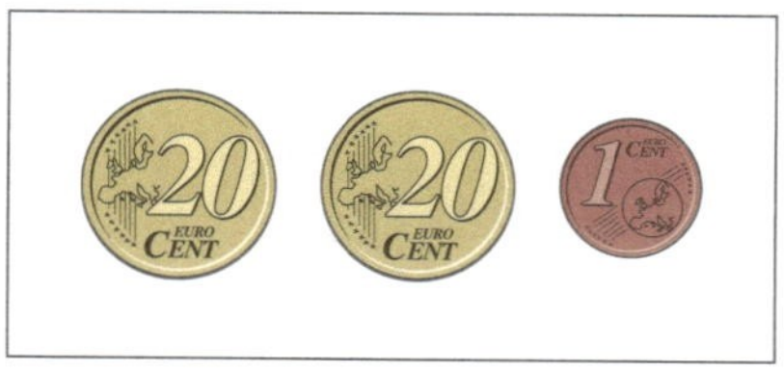

_____ ct

_____ ct

_____ ct

_____ ct

_____ ct

➡ Beilage zum Schülerbuch: Rechengeld

Fredo 2 Mathematik – Förderheft © 2018 Cornelsen Verlag GmbH, Berlin

Euro bis 100

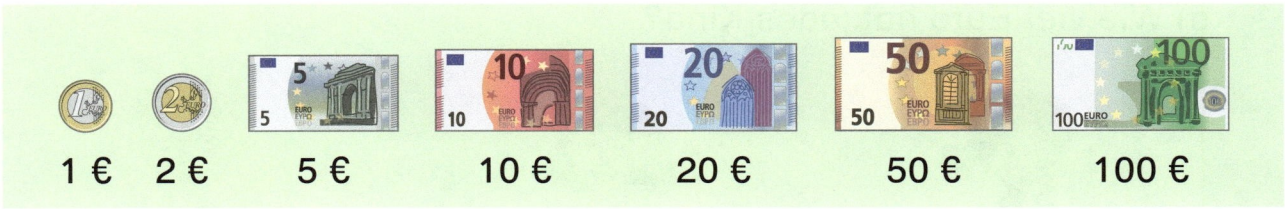

1 € 2 € 5 € 10 € 20 € 50 € 100 €

Wie viel Euro sind es?

_____ €

_____ €

_____ €

_____ €

_____ €

_____ €

_____ €

_____ €

_____ €

_____ €

_____ €

_____ €

_____ €

_____ €

_____ €

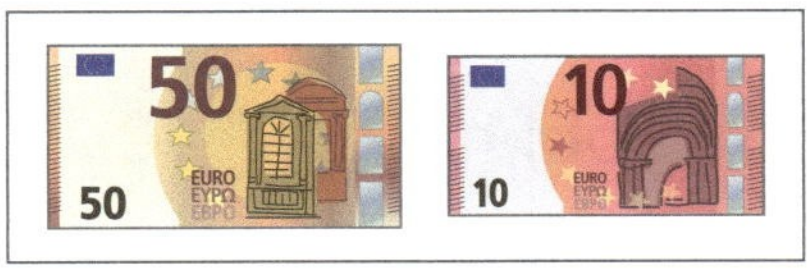

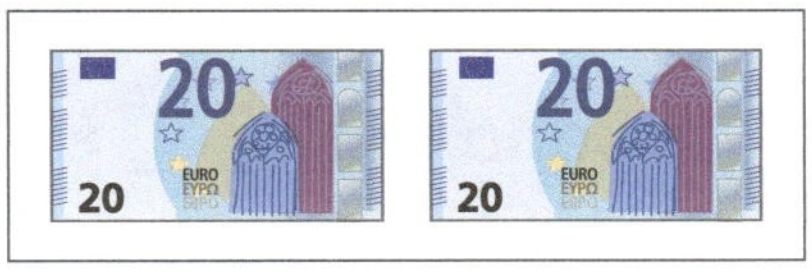

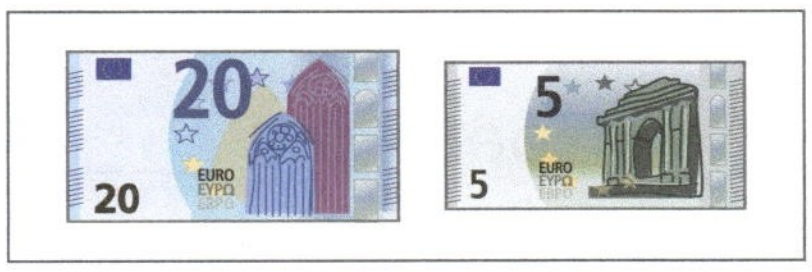

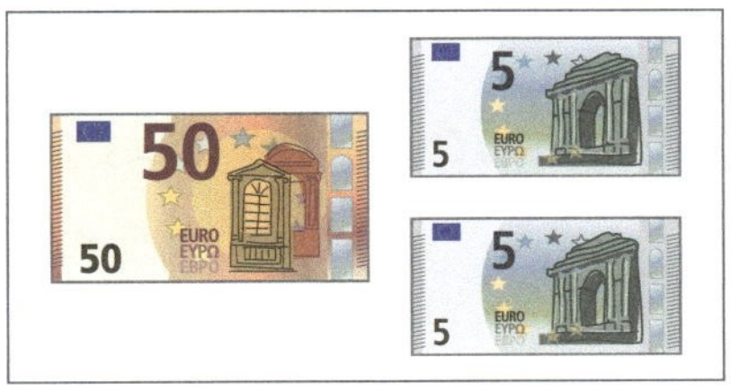

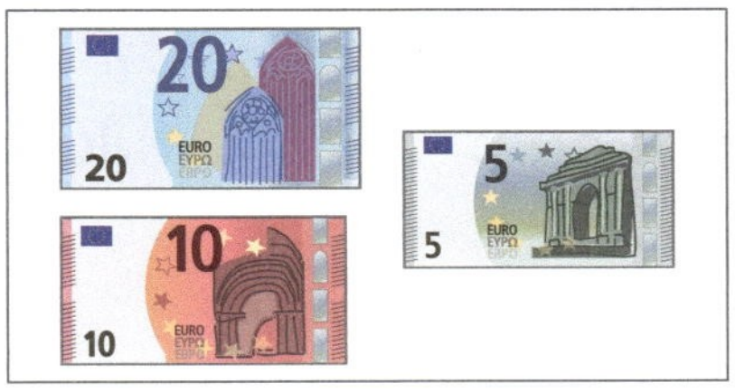

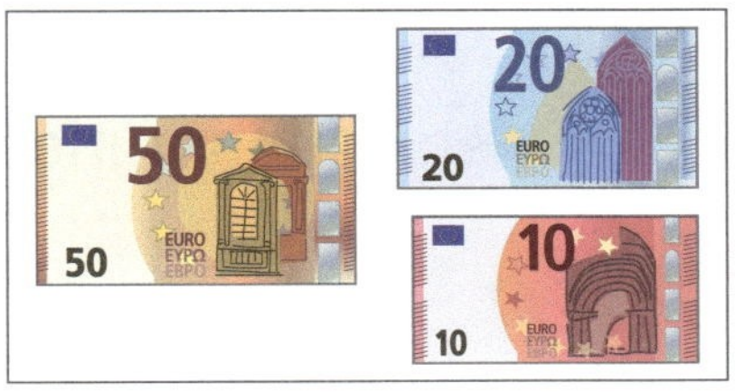

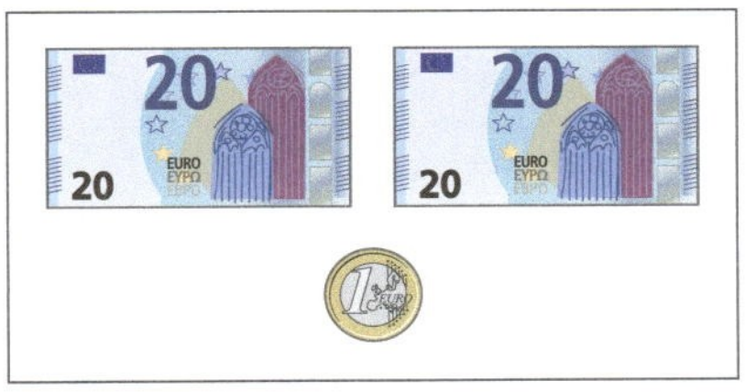

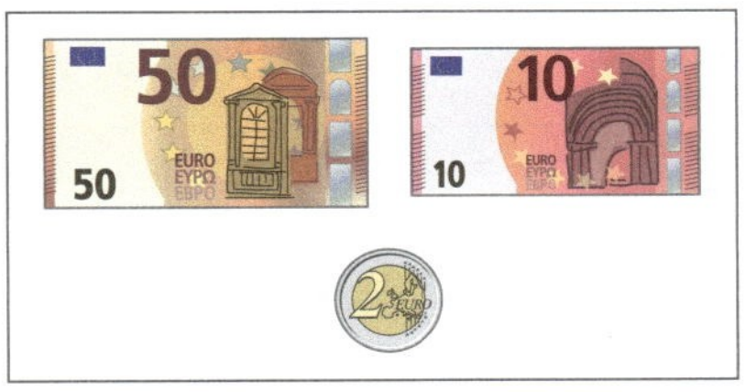

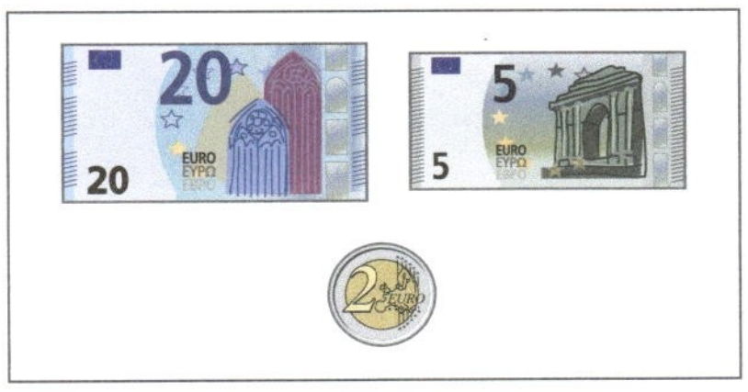

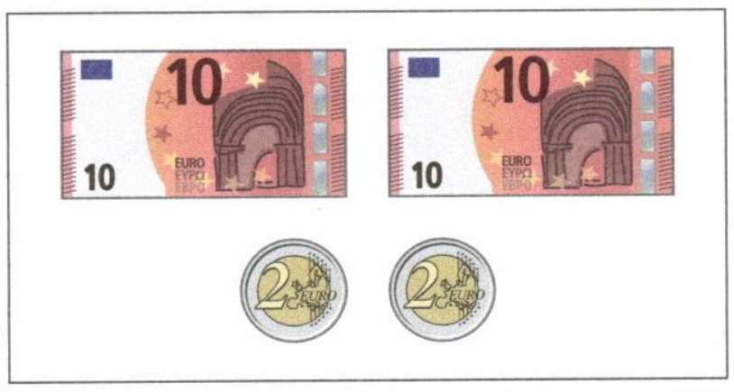

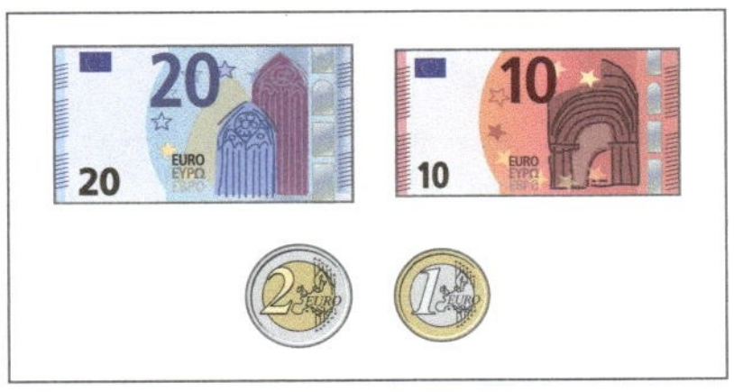

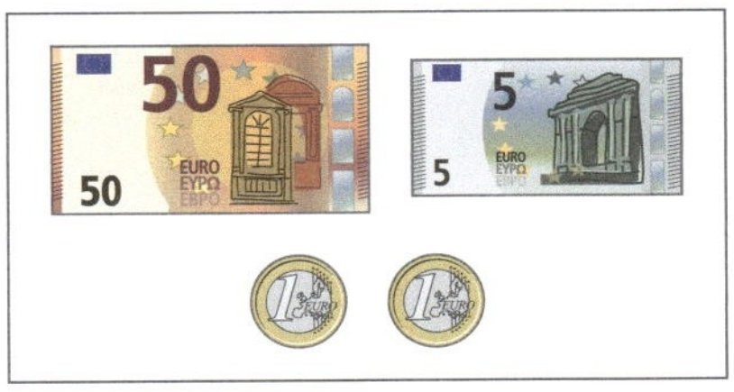

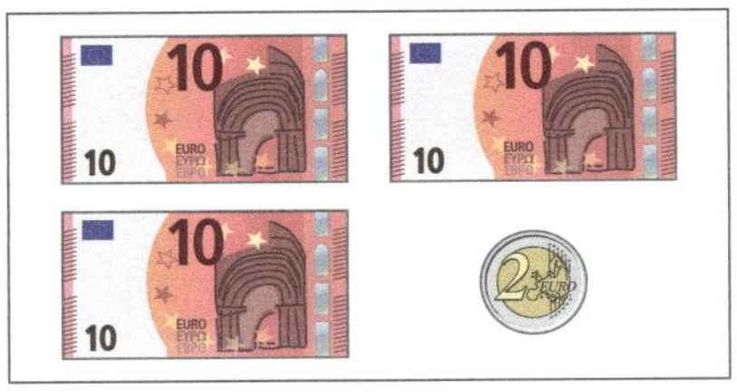

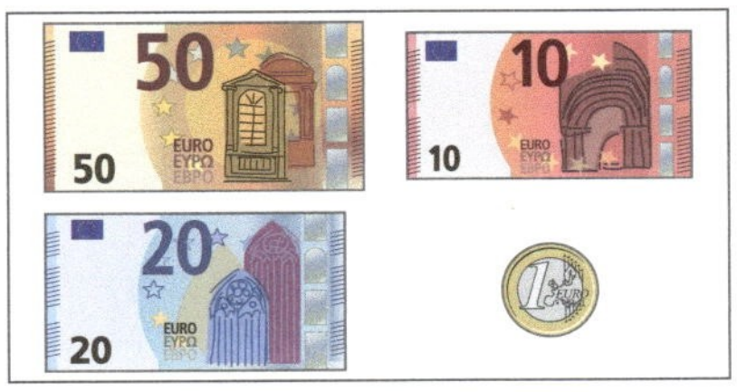

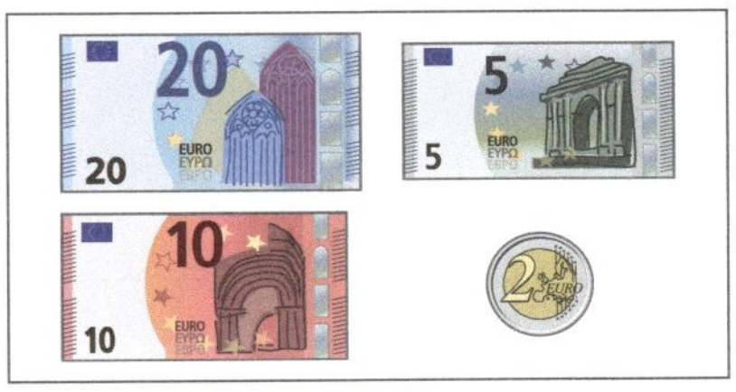

→ Beilage zum Schülerbuch: Rechengeld

Geldbeträge legen

1 a) Wie viel Euro hat jedes Kind?

Noemi hat _____ €.   Jana hat _____ €.   Tobi hat _____ €.

b) Was stimmt? Kreuze an.

☐ Jana hat **mehr als** 25 €.   ☐ Noemi hat **weniger als** 80 €.

☐ Tobi hat **mehr als** 60 €.   ☐ Jana hat **weniger als** 20 €.

2 Immer zwei Scheine: Probiere mit deinem Rechengeld und notiere.

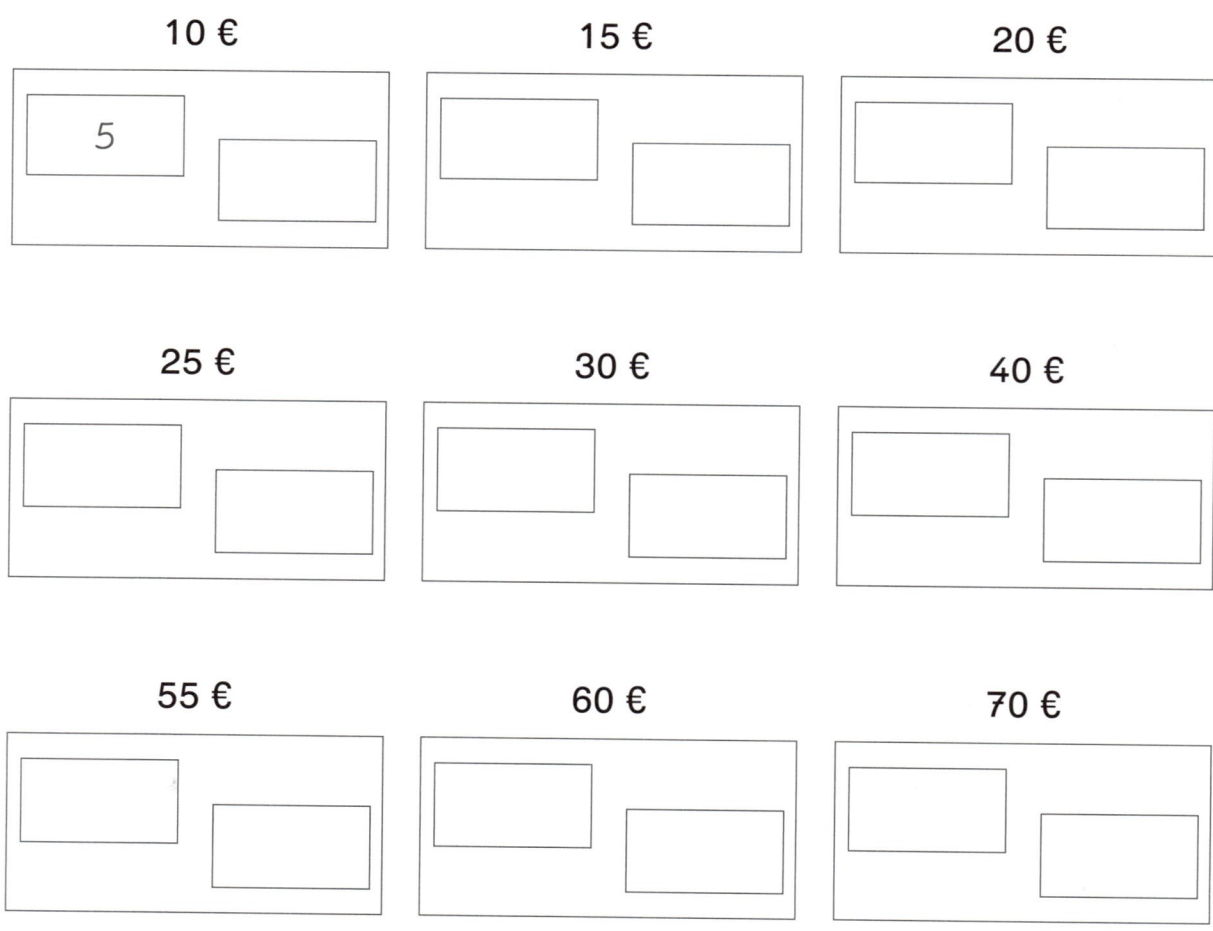

➡ Beilage zum Schülerbuch: Rechengeld

Fredo 2 Mathematik – Förderheft © 2018 Cornelsen Verlag GmbH, Berlin

Schau dir die Rechenschritte genau an. Vervollständige die Lückentexte.

33 + 7 = _____

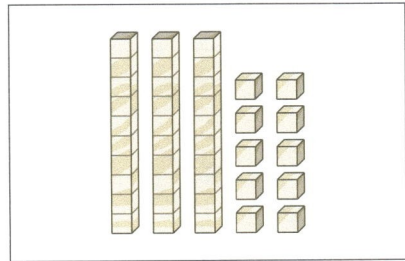

Ich lege die erste Zahl mit

_3_ Zehnerstangen und

_____ Einerwürfeln.

Dann lege ich _7_ Einerwürfel dazu.

Jetzt habe ich _____ Zehnerstangen und

_____ Einerwürfel.

Ich **tausche** _10_ Einerwürfel gegen

_1_ Zehnerstange.

Jetzt habe ich _____ Zehnerstangen.

45 + 5 = _____

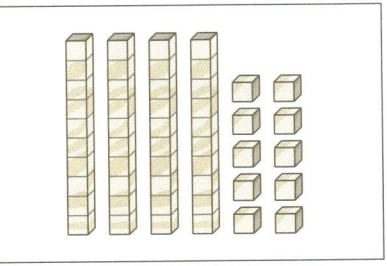

Ich lege die erste Zahl mit

_____ Zehnerstangen und

_____ Einerwürfeln.

Dann lege ich _____ Einerwürfel dazu.

Jetzt habe ich _____ Zehnerstangen und

_____ Einerwürfel.

Ich **tausche** _____ Einerwürfel gegen

_____ Zehnerstange.

Jetzt habe ich _____ Zehnerstangen.

Rechenwege bei Plusaufgaben

1 Ergänze zum Zehner. Schreibe die passende Plusaufgabe.

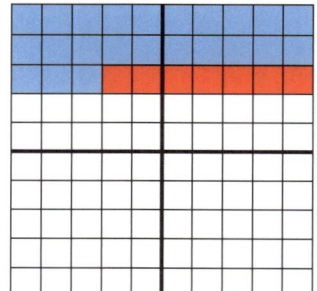 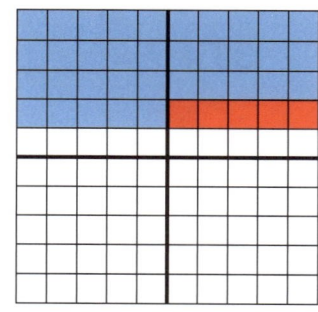 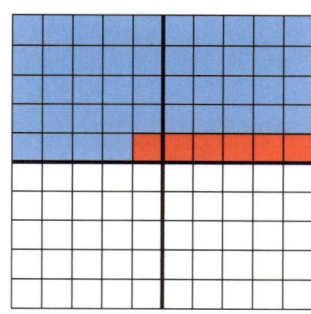

23 + 7 = _____   35 + ___ = _____   44 + ___ = _____

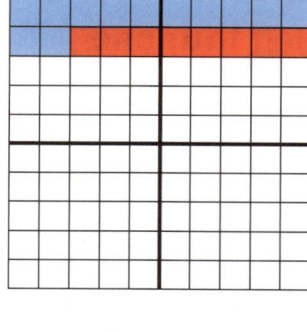 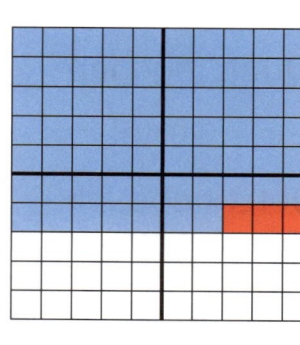 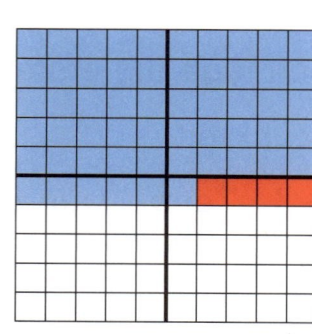

_____ + ___ = _____   _____ + ___ = _____   _____ + ___ = _____

2 Ergänze zum Zehner. Zeichne passend zur Plusaufgabe.

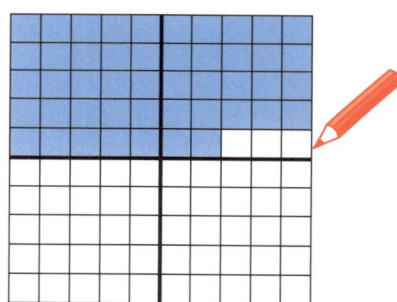 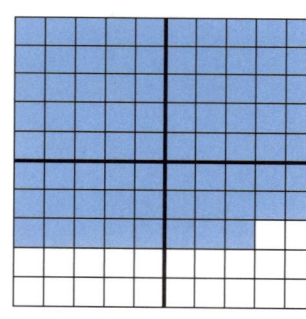 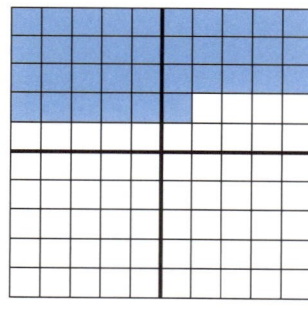

47 + 3 = 50   78 + 2 = 80   36 + 4 = 40

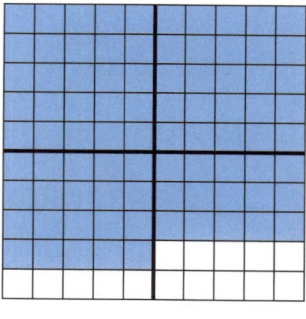 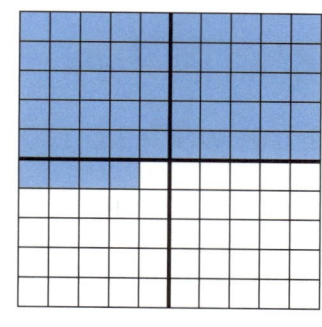 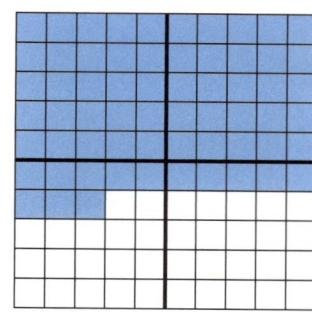

85 + 5 = 90   54 + 6 = 60   63 + 7 = 70

Fredo 2 Mathematik – Förderheft © 2018 Cornelsen Verlag GmbH, Berlin

Schau dir die Rechenschritte genau an. Vervollständige die Lückentexte.

36 + 7 = _____

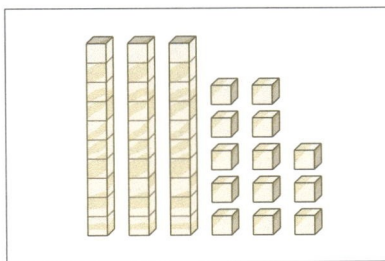

Ich lege die erste Zahl mit

__3__ Zehnerstangen und

_____ Einerwürfeln.

Dann lege ich

__7__ Einerwürfel dazu.

Jetzt habe ich _____ Zehnerstangen und

_____ Einerwürfel.

Ich **tausche** __10__ Einerwürfel gegen

__1__ Zehnerstange.

Jetzt habe ich _____ Zehnerstangen und

_____ Einerwürfel.

48 + 6 = _____

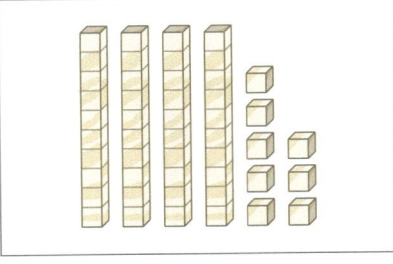

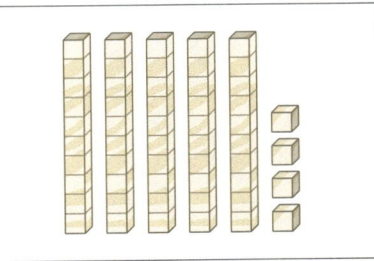

Ich lege die erste Zahl mit

_____ Zehnerstangen und

_____ Einerwürfeln.

Dann lege ich _____ Einerwürfel dazu.

Jetzt habe ich _____ Zehnerstangen und

_____ Einerwürfel.

Ich **tausche** _____ Einerwürfel gegen

_____ Zehnerstange.

Jetzt habe ich _____ Zehnerstangen und

_____ Einerwürfel.

Fredo 2 Mathematik – Förderheft © 2018 Cornelsen Verlag GmbH, Berlin

Rechenwege bei Plusaufgaben

Zum Zehner und dann weiter: Notiere die passende Plusaufgabe.

26 + 7	48 + 6	34 + 8

  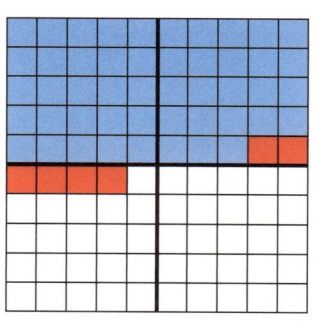 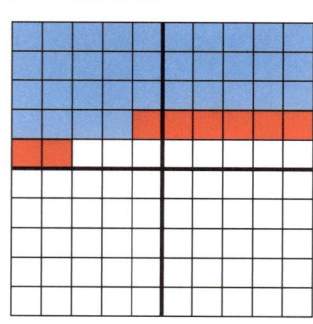

26 +   7   = _____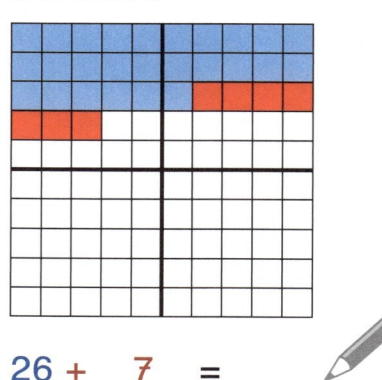

26 + 4 + 3 = _33_

48 +   6   = _____

48 + 2 + ___ = _____

34 +   8   = _____

34 + 6 + ___ = _____

67 + 6	59 + 5	73 + 9

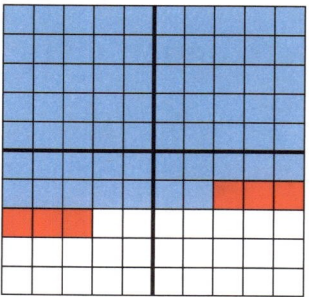 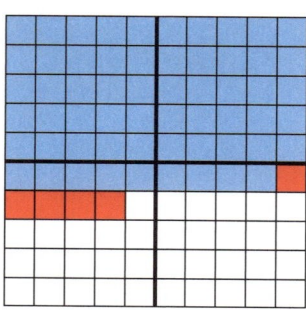 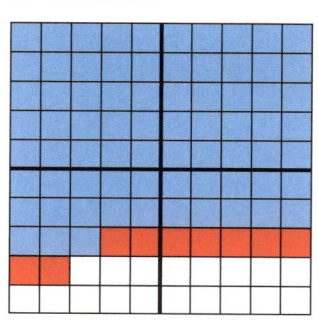

67 +   6   = _____

67 + ___ + ___ = _____

59 +   5   = _____

59 + ___ + ___ = _____

73 +   9   = _____

73 + ___ + ___ = _____

28 + 3	47 + 7	85 + 8

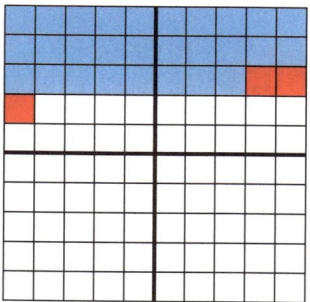 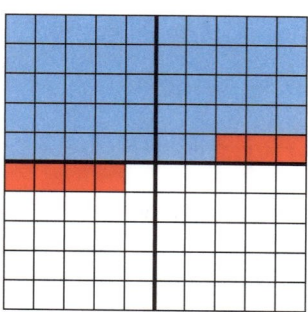 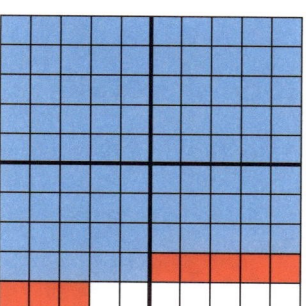

28 +   3   = _____

28 + ___ + ___ = _____

47 +   7   = _____

47 + ___ + ___ = _____

85 +   8   = _____

85 + ___ + ___ = _____

Fredo 2 Mathematik – Förderheft © 2018 Cornelsen Verlag GmbH, Berlin

Zum Zehner und dann weiter:
Löse die Aufgaben mit dem Rechenstrich.

Zum
Zehner und
dann weiter

38 + 5 = _____

+ 2   + 3

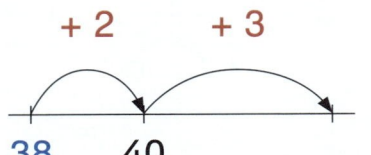

38   40   _____

29 + 4 = _____

+ 1   + 3

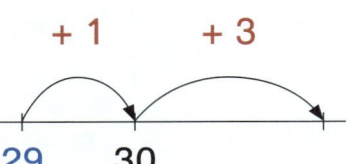

29   30   _____

57 + 6 = _____

+ 3   + 3

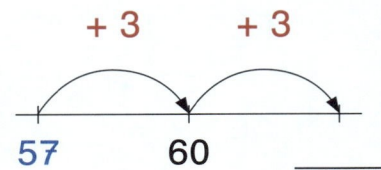

57   60   _____

46 + 6 = _____

+ 4   _____

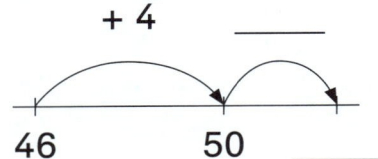

46   50   _____

65 + 7 = _____

+ 5   _____

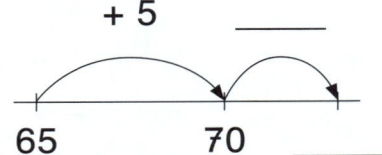

65   70   _____

73 + 8 = _____

+ 7   _____

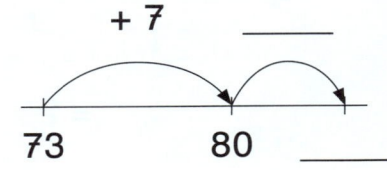

73   80   _____

27 + 5 = _____

_____   _____

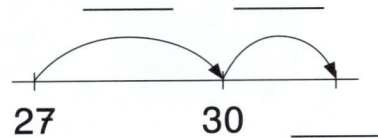

27   30   _____

56 + 8 = _____

_____   _____

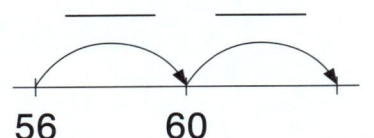

56   60   _____

32 + 9 = _____

_____   _____

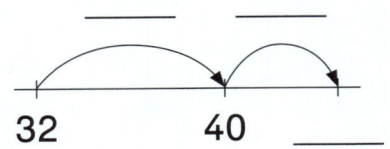

32   40   _____

45 + 8 = _____

_____   _____

45   _____   _____

89 + 3 = _____

_____   _____

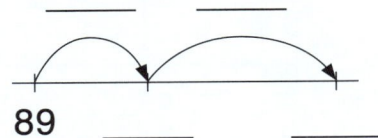

89   _____   _____

24 + 7 = _____

_____   _____

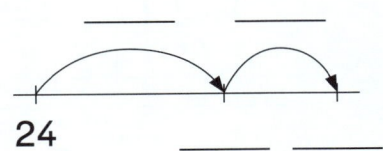

24   _____   _____

Fredo 2 Mathematik – Förderheft © 2018 Cornelsen Verlag GmbH, Berlin

Rechenwege bei Minusaufgaben

1 Zurück zum Zehner: Schreibe die passende Minusaufgabe.

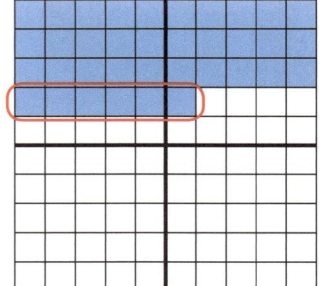

36 − 6 = _____

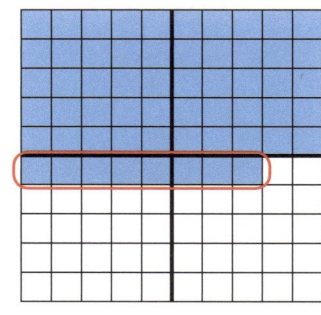

58 − ___ = 50

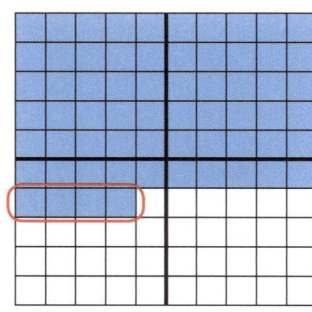

_____ − 4 = 60

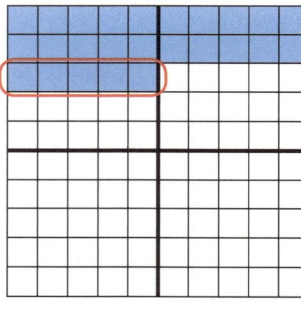

_____ − ___ = 20

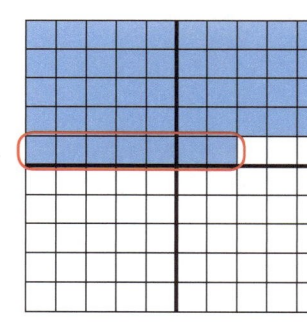

_____ − ___ = 40

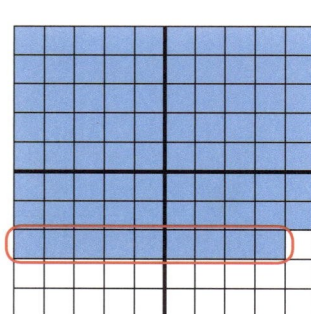

_____ − ___ = 70

2 Zurück zum Zehner: Zeichne passend zur Minusaufgabe.

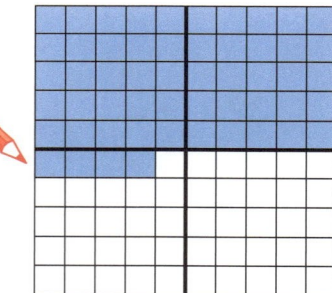

54 − 4 = 50

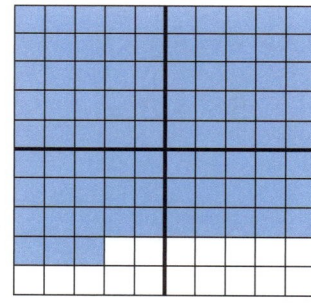

83 − 3 = 80

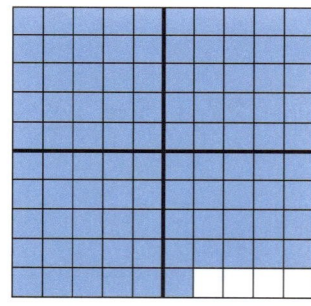

96 − 6 = 90

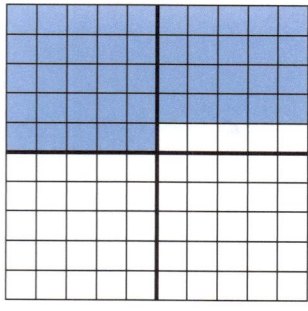

45 − 5 = 40

72 − 2 = 70

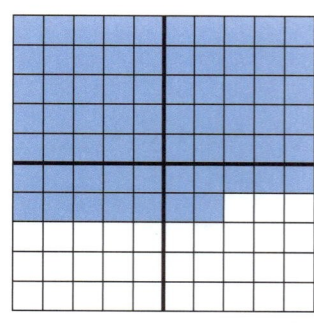

67 − 7 = 60

Fredo 2 Mathematik – Förderheft © 2018 Cornelsen Verlag GmbH, Berlin

Schau dir die Rechenschritte genau an. Vervollständige die Lückentexte.

$$34 - 7 = \_\_\_\_$$

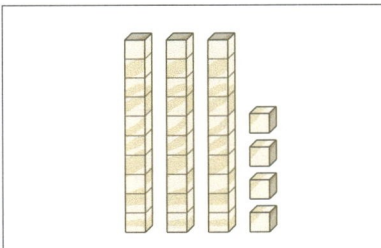

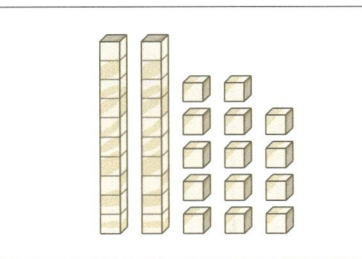

Ich lege die erste Zahl mit

_3_ Zehnerstangen und

_____ Einerwürfeln.

Dann **tausche** ich _1_ Zehnerstange gegen

_10_ Einerwürfel.

Jetzt habe ich _____ Zehnerstangen und

_____ Einerwürfel.

Ich nehme _7_ Einerwürfel weg.

Jetzt habe ich _____ Zehnerstangen und

_____ Einerwürfel.

$$42 - 8 = \_\_\_\_$$

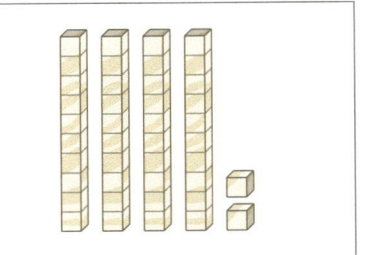

Ich lege die erste Zahl mit

_____ Zehnerstangen und

_____ Einerwürfeln.

Dann **tausche** ich

_____ Zehnerstange gegen

_____ Einerwürfel.

Jetzt habe ich _____ Zehnerstangen und

_____ Einerwürfel.

Ich nehme _____ Einerwürfel weg.

Jetzt habe ich _____ Zehnerstangen und

_____ Einerwürfel.

Fredo 2 Mathematik – Förderheft © 2018 Cornelsen Verlag GmbH, Berlin

Rechenwege bei Minusaufgaben

Zum Zehner und dann weiter: Notiere die passende Minusaufgabe.

32 – 5

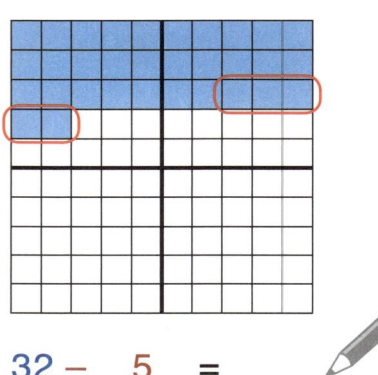

32 –   5   = _____

32 – 2 – 3 = __27__

53 – 7

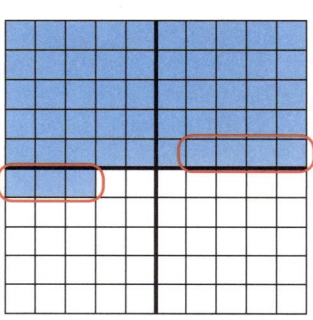

53 –   7   = _____

53 – 3 – ___ = _____

36 – 8

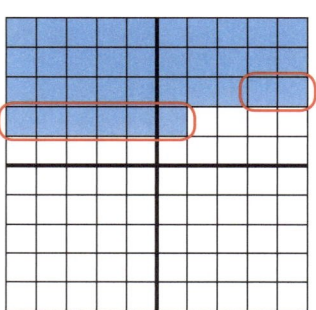

36 –   8   = _____

36 – 6 – ___ = _____

65 – 8

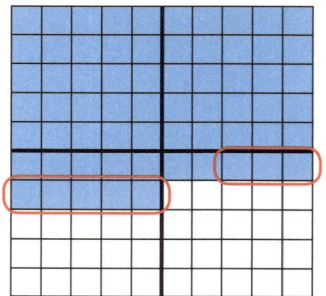

65 –   8   = _____

65 – ___ – ___ = _____

82 – 4

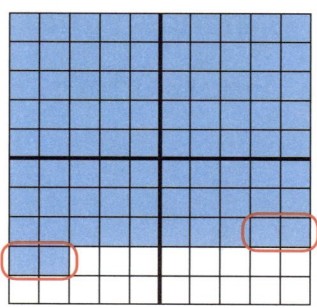

82 –   4   = _____

82 – ___ – ___ = _____

76 – 9

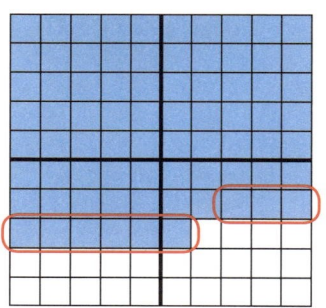

76 –   9   = _____

76 – ___ – ___ = _____

24 – 6

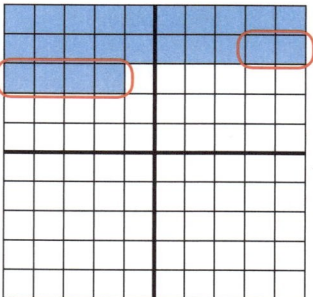

24 –   6   = _____

24 – ___ – ___ = _____

41 – 3

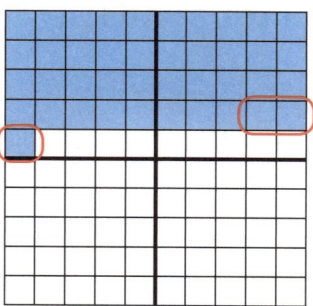

41 –   3   = _____

41 – ___ – ___ = _____

93 – 5

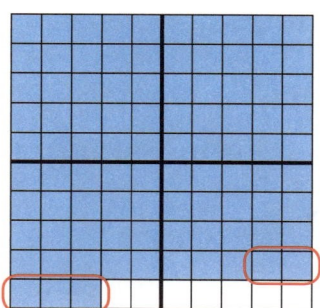

93 –   5   = _____

93 – ___ – ___ = _____

Fredo 2 Mathematik – Förderheft © 2018 Cornelsen Verlag GmbH, Berlin

Rechenwege bei Minusaufgaben

Zum Zehner und dann weiter:
Löse die Aufgaben mit dem Rechenstrich.

Zum Zehner und dann weiter

43 – 4 = _____

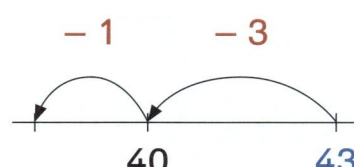

– 1   – 3

_____   40   43

52 – 6 = _____

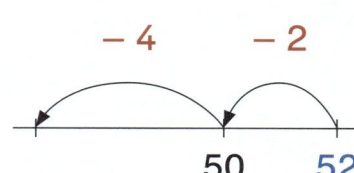

– 4   – 2

_____   50   52

24 – 8 = _____

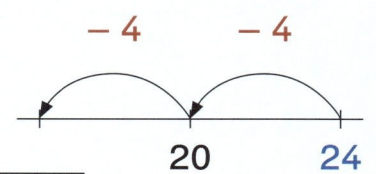

– 4   – 4

_____   20   24

75 – 7 = _____

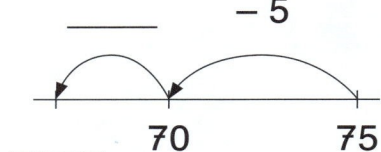

_____   – 5

_____   70   75

33 – 5 = _____

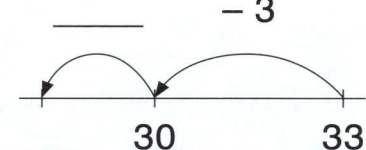

_____   – 3

_____   30   33

62 – 3 = _____

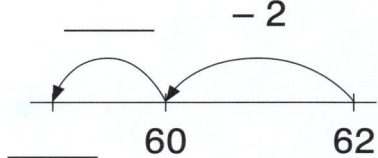

_____   – 2

_____   60   62

85 – 9 = _____

_____   _____

_____   80   85

46 – 8 = _____

_____   _____

_____   40   46

51 – 7 = _____

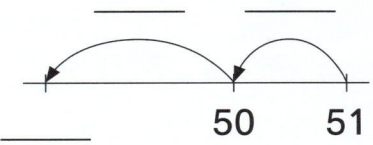

_____   _____

_____   50   51

21 – 4 = _____

_____   _____

_____   _____   21

34 – 7 = _____

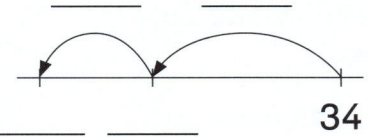

_____   _____

_____   _____   34

72 – 6 = _____

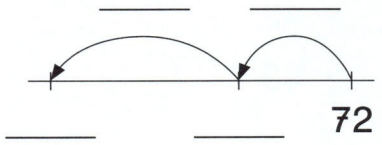

_____   _____

_____   _____   72

Fredo 2 Mathematik – Förderheft © 2018 Cornelsen Verlag GmbH, Berlin

Plusaufgaben üben

1 Rechne. Die kleine Aufgabe hilft.

4 + 3 = _____	7 + 2 = _____	1 + 6 = _____
14 + 3 = _____	17 + 2 = _____	31 + 6 = _____
24 + 3 = _____	37 + 2 = _____	51 + 6 = _____
34 + 3 = _____	67 + 2 = _____	81 + 6 = _____

5 + 2 = _____	8 + 1 = _____	4 + 6 = _____
25 + 2 = _____	18 + 1 = _____	34 + 6 = _____
65 + 2 = _____	38 + 1 = _____	54 + 6 = _____
75 + 2 = _____	78 + 1 = _____	84 + 6 = _____

2 Entdeckerpäckchen: Was fällt dir auf? Rechne und setze fort.

65 + 5 = _____

65 + 6 = _____

Die erste Zahl ◯ ◯ wird immer um ___ größer.

65 + 7 = _____

65 + ___ = _____

Die zweite Zahl ◯ ◯ wird immer um ___ größer.

_____ + ___ = _____

Das Ergebnis ◯ ◯ bleibt immer gleich.

43 + 7 = _____

44 + 7 = _____

Die erste Zahl ◯ ◯ wird immer um ___ größer.

45 + 7 = _____

Die zweite Zahl ◯ ◯ wird immer um ___ größer.

46 + ___ = _____

Das Ergebnis ◯ ◯ bleibt immer gleich.

_____ + ___ = _____

Fredo 2 Mathematik – Förderheft © 2018 Cornelsen Verlag GmbH, Berlin

1 Rechne. Die kleine Aufgabe hilft.

7 – 3 = _____   8 – 5 = _____   6 – 4 = _____

17 – 3 = _____   18 – 5 = _____   26 – 4 = _____

27 – 3 = _____   38 – 5 = _____   46 – 4 = _____

37 – 3 = _____   58 – 5 = _____   66 – 4 = _____

5 – 2 = _____   8 – 4 = _____   9 – 6 = _____

25 – 2 = _____   18 – 4 = _____   39 – 6 = _____

55 – 2 = _____   38 – 4 = _____   59 – 6 = _____

75 – 2 = _____   68 – 4 = _____   89 – 6 = _____

2 Entdeckerpäckchen: Was fällt dir auf? Rechne und setze fort.

46 – 4 = _____

46 – 5 = _____

46 – 6 = _____

46 – ___ = _____

_____ – ___ = _____

Die erste Zahl	wird immer um ___ größer.
Die zweite Zahl	wird immer um ___ kleiner.
Das Ergebnis	bleibt immer gleich.

57 – 5 = _____

56 – 5 = _____

55 – 5 = _____

54 – ___ = _____

_____ – ___ = _____

Die erste Zahl	wird immer um ___ kleiner.
Die zweite Zahl	wird immer um ___ kleiner.
Das Ergebnis	bleibt immer gleich.

Fredo 2 Mathematik – Förderheft © 2018 Cornelsen Verlag GmbH, Berlin

34 + 23

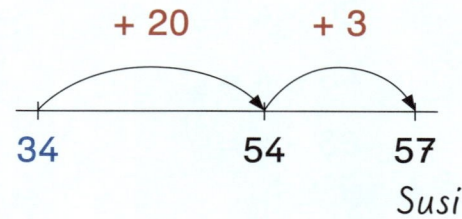

Susi

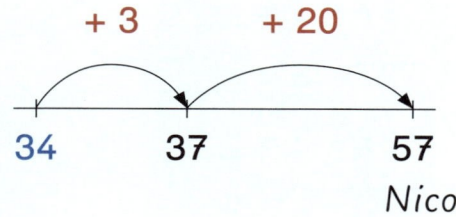

Nico

Löse die Aufgaben mit dem Rechenstrich.

42 + 34 = _____

|
42

51 + 46 = _____

|
51

33 + 51 = _____

|
33

64 + 15 = _____

|
64

14 + 43 = _____

|
14

26 + 23 = _____

|
26

Fredo 2 Mathematik – Förderheft © 2018 Cornelsen Verlag GmbH, Berlin

37 + 29

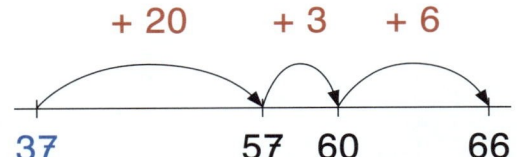
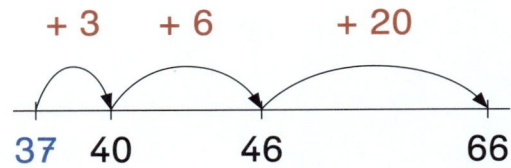

Löse die Aufgaben mit dem Rechenstrich.

46 + 27 = _____

58 + 36 = _____

46

58

37 + 48 = _____

66 + 15 = _____

37

66

18 + 34 = _____

24 + 37 = _____

18

24

Plusaufgaben mit zweistelligen Zahlen

Löse die Aufgaben mit dem Rechenstrich.

28 + 16 = _____

36 + 28 = _____

+_____

28

+_____

36

77 + 14 = _____

45 + 37 = _____

+_____

77

+_____

45

56 + 27 = _____

48 + 15 = _____

+_____

56

+_____

48

35 + 36 = _____

27 + 44 = _____

+_____

35

+_____

27

Fredo 2 Mathematik – Förderheft © 2018 Cornelsen Verlag GmbH, Berlin

$$58 - 24$$

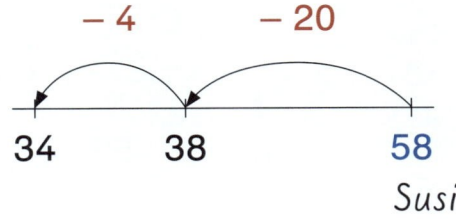

Susi

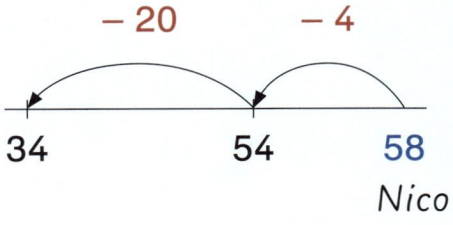

Nico

Löse die Aufgaben mit dem Rechenstrich.

$36 - 14 = $ _____

$47 - 23 = $ _____

36

47

$59 - 25 = $ _____

$68 - 32 = $ _____

59

68

$74 - 42 = $ _____

$89 - 51 = $ _____

74

89

$$54 - 29$$

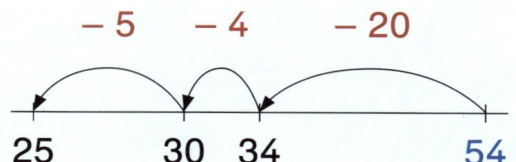

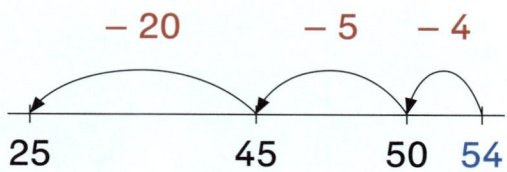

Löse die Aufgaben mit dem Rechenstrich.

$34 - 18 =$ _____

$45 - 26 =$ _____

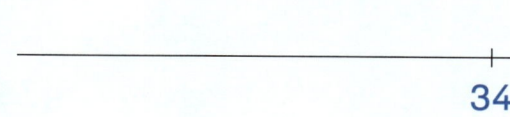

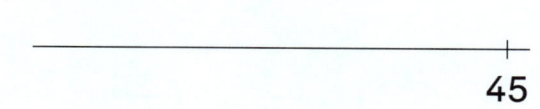

$62 - 34 =$ _____

$73 - 46 =$ _____

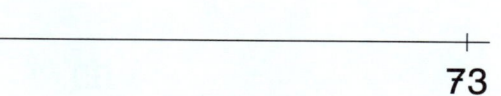

$56 - 17 =$ _____

$71 - 35 =$ _____

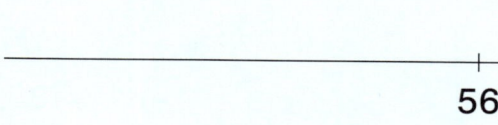

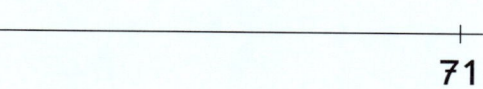

Fredo 2 Mathematik – Förderheft © 2018 Cornelsen Verlag GmbH, Berlin

Löse die Aufgaben mit dem Rechenstrich.

$43 - 25 =$ _____

$35 - 17 =$ _____

43

35

$62 - 35 =$ _____

$54 - 26 =$ _____

62

54

$52 - 16 =$ _____

$96 - 47 =$ _____

52

96

$83 - 45 =$ _____

$72 - 38 =$ _____

83

72

Plusaufgaben üben

1 Rechne.

50 + 20 = _____   40 + 30 = _____   20 + 60 = _____

54 + 20 = _____   43 + 30 = _____   26 + 60 = _____

54 + 25 = _____   43 + 34 = _____   26 + 62 = _____

30 + 60 = _____   60 + 20 = _____   10 + 80 = _____

30 + 67 = _____   60 + 26 = _____   10 + 83 = _____

32 + 67 = _____   63 + 26 = _____   15 + 83 = _____

2 Entdeckerpäckchen: Was fällt dir auf? Rechne und setze fort.

Die erste Zahl …	… wird immer um … größer.
Die zweite Zahl …	… wird immer um … größer.
Das Ergebnis …	… bleibt immer gleich.

57 + 13 = _____   _Die erste Zahl_ _____

57 + 14 = _____   _____

57 + 15 = _____   _____

57 + _____ = _____   _____

_____ + _____ = _____   _____

62 + 18 = _____   _Die erste Zahl_ _____

63 + 18 = _____   _____

64 + 18 = _____   _____

65 + _____ = _____   _____

_____ + _____ = _____   _____

Fredo 2 Mathematik – Förderheft © 2018 Cornelsen Verlag GmbH, Berlin

1 Rechne.

60 – 30 = _____	40 – 20 = _____	50 – 30 = _____
65 – 30 = _____	49 – 20 = _____	56 – 30 = _____
65 – 33 = _____	49 – 25 = _____	56 – 32 = _____

60 – 10 = _____	80 – 40 = _____	90 – 60 = _____
68 – 10 = _____	87 – 40 = _____	95 – 60 = _____
68 – 17 = _____	87 – 45 = _____	95 – 63 = _____

2 Entdeckerpäckchen: Was fällt dir auf? Rechne und setze fort.

Die erste Zahl ...	... wird immer um ... größer.
Die zweite Zahl ...	... wird immer um ... kleiner.
Das Ergebnis ...	... bleibt immer gleich.

45 – 13 = _____ *Die erste Zahl* _____

45 – 14 = _____ _____

45 – 15 = _____ _____

45 – _____ = _____ _____

_____ – _____ = _____ _____

76 – 14 = _____ *Die erste Zahl* _____

75 – 14 = _____ _____

74 – 14 = _____ _____

73 – _____ = _____ _____

_____ – _____ = _____ _____

Fredo 2 Mathematik – Förderheft © 2018 Cornelsen Verlag GmbH, Berlin

20	40	60

20	+	40	=	60

| 40 | + | 20 | = | |

| 60 | – | 40 | = | |

| 60 | – | 20 | = | |

10	30	40

10	+	30	=	

| 30 | + | 10 | = | |

| 40 | – | 30 | = | |

| 40 | – | 10 | = | |

30	50	20

30	+	20	=	

| 20 | + | 30 | = | |

| 50 | – | 20 | = | |

| 50 | – | 30 | = | |

35	15	50

	+		=	50

| | + | | = | 50 |

| 50 | – | | = | |

| 50 | – | | = | |

45	25	70

	+		=	70

| | + | | = | 70 |

| 70 | – | | = | |

| 70 | – | | = | |

25	80	55

	+		=	80

| | + | | = | 80 |

| 80 | – | | = | |

| 80 | – | | = | |

34	16	50

	+		=	

| | + | | = | |

| | – | | = | |

| | – | | = | |

23	37	60

	+		=	

| | + | | = | |

| | – | | = | |

| | – | | = | |

52	80	28

	+		=	

| | + | | = | |

| | – | | = | |

| | – | | = | |

Fredo 2 Mathematik – Förderheft © 2018 Cornelsen Verlag GmbH, Berlin

Platzhalteraufgaben

1 Löse die Platzhalteraufgaben.

50 + _____ = 70   10 + _____ = 50   20 + _____ =   80

60 + _____ = 90   40 + _____ = 70   50 + _____ =   90

30 + _____ = 50   70 + _____ = 90   10 + _____ =   60

20 + _____ = 60   30 + _____ = 60   40 + _____ = 100

25 + _____ = 45   55 + _____ = 95   50 + _____ = 85

45 + _____ = 85   65 + _____ = 85   40 + _____ = 95

35 + _____ = 55   45 + _____ = 75   10 + _____ = 55

15 + _____ = 65   25 + _____ = 55   30 + _____ = 75

2 Löse die Platzhalteraufgaben.
Die Umkehraufgabe hilft!

40 − _____ = 20   80 − _____ = 30   50 − _____ = 20

60 − _____ = 30   90 − _____ = 10   30 − _____ = 10

50 − _____ = 10   60 − _____ = 20   70 − _____ = 30

70 − _____ = 20   100 − _____ = 50   80 − _____ = 50

55 − _____ = 25   95 − _____ = 35   85 − _____ = 30

85 − _____ = 35   75 − _____ = 45   95 − _____ = 50

45 − _____ = 15   35 − _____ = 15   75 − _____ = 50

65 − _____ = 45   85 − _____ = 55   65 − _____ = 30

Fredo 2 Mathematik – Förderheft © 2018 Cornelsen Verlag GmbH, Berlin

Zahlenfolgen

1 Wie geht es weiter?

Immer + 2:   2, 4, 6, 8, _____, _____, _____, _____, _____, 20

Immer + 3:   20, 23, 26, 29, _____, _____, _____, _____, _____, 47

Immer – 2:   19, 17, 15, 13, _____, _____, _____, _____, _____, 1

Immer – 3:   30, 27, 24, 21, _____, _____, _____, _____, _____, 3

2 Wie heißt die Regel?

22, 24, 26, 28, 30   **Regel:** immer _____

40, 37, 34, 31, 28   **Regel:** immer _____

60, 65, 70, 75, 80   **Regel:** immer _____

84, 80, 76, 72, 68   **Regel:** immer _____

3 Wie heißt die Regel? Setze die Zahlenfolge fort.

50, 52, 54, 56, _____, _____, _____, _____, 66   **Regel:** immer _____

10, 15, 20, 25, _____, _____, _____, _____, 50   **Regel:** immer _____

30, 33, 36, 39, _____, _____, _____, _____, 54   **Regel:** immer _____

100, 90, 80, 70, _____, _____, _____, _____, 20   **Regel:** immer _____

100, 95, 90, 85, _____, _____, _____, _____, 60   **Regel:** immer _____

73, 70, 67, 64, _____, _____, _____, _____, 49   **Regel:** immer _____

48

Fredo 2 Mathematik – Förderheft © 2018 Cornelsen Verlag GmbH, Berlin

Rechenmauern

Die kleine Mauer hilft dir beim Lösen der großen Mauer.

Fredo 2 Mathematik – Förderheft © 2018 Cornelsen Verlag GmbH, Berlin

Rechendreiecke

Die Innenzahlen ergeben zusammen 100. Finde die fehlenden Zahlen.

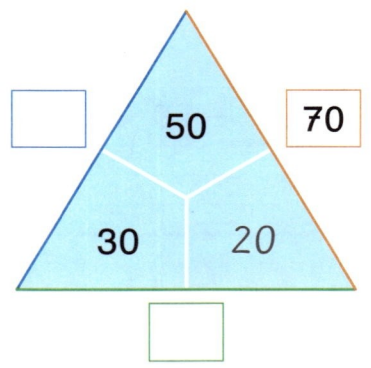
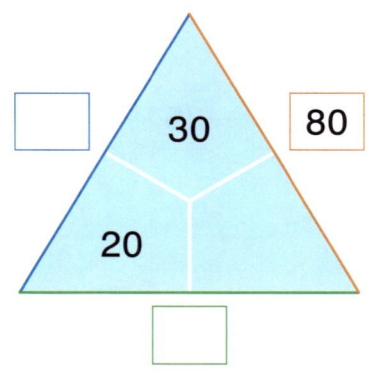
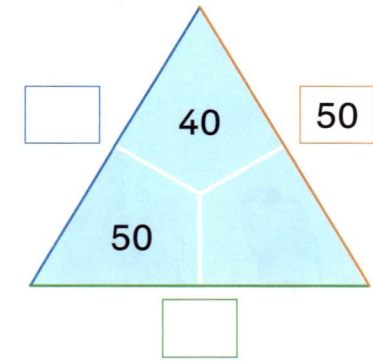

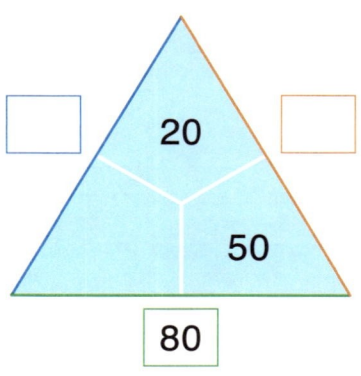
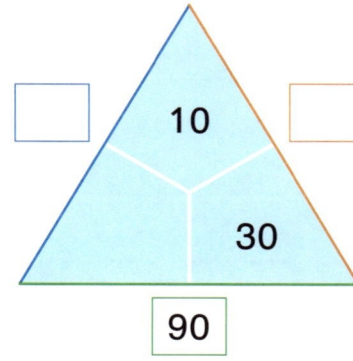
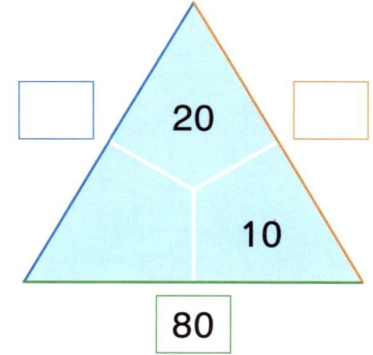

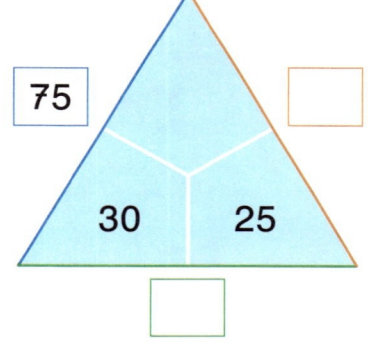
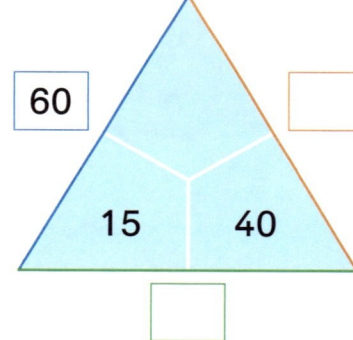
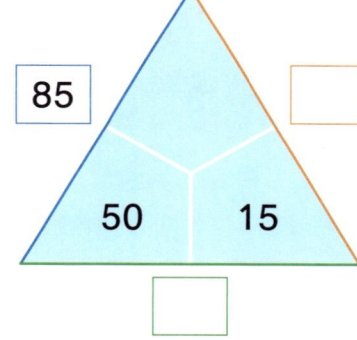

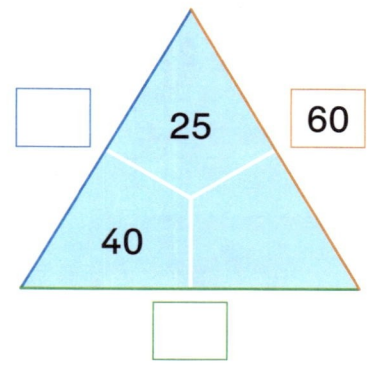
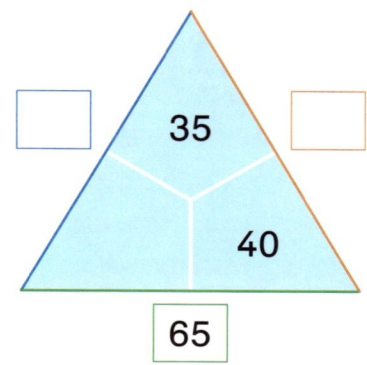
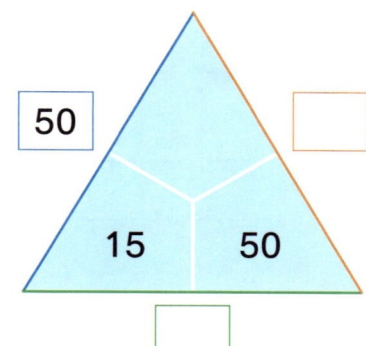

Fredo 2 Mathematik – Förderheft © 2018 Cornelsen Verlag GmbH, Berlin

1 Wie oft – Was? Kreise die Portionen ein.
Notiere die Plusaufgabe und die Malaufgabe.

2 + 2 + 2

3 · 2

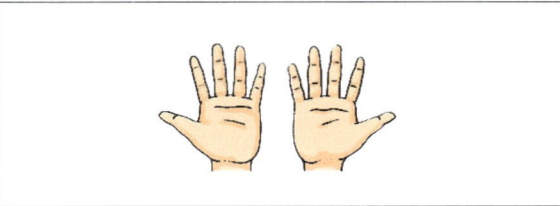

___ + ___

___ · ___

___ + ___ + ___

___ · ___

___ + ___ + ___ + ___ + ___

___ · ___

___ + ___ + ___

___ · ___

___ + ___ + ___ + ___ + ___

___ · ___

2 Male passende Bilder.

2 + 2

2 · 2

3 + 3 + 3 + 3

4 · 3

Fredo 2 Mathematik – Förderheft © 2018 Cornelsen Verlag GmbH, Berlin

Malaufgaben legen und zeichnen

1 Schreibe die passende Plusaufgabe und Malaufgabe.

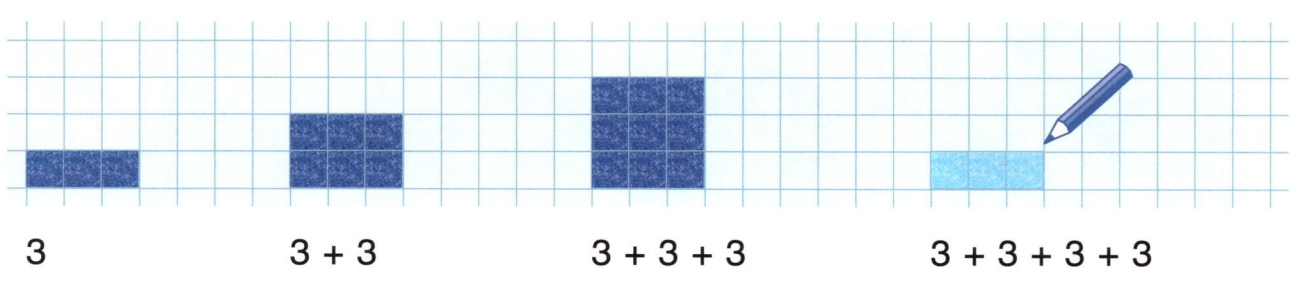

5

1 · 5

___ + ___

___ · ___

___ + ___ + ___

___ · ___

___ + ___ + ___ + ___

___ · ___

2 Zeichne und schreibe die passende Plusaufgabe und Malaufgabe.

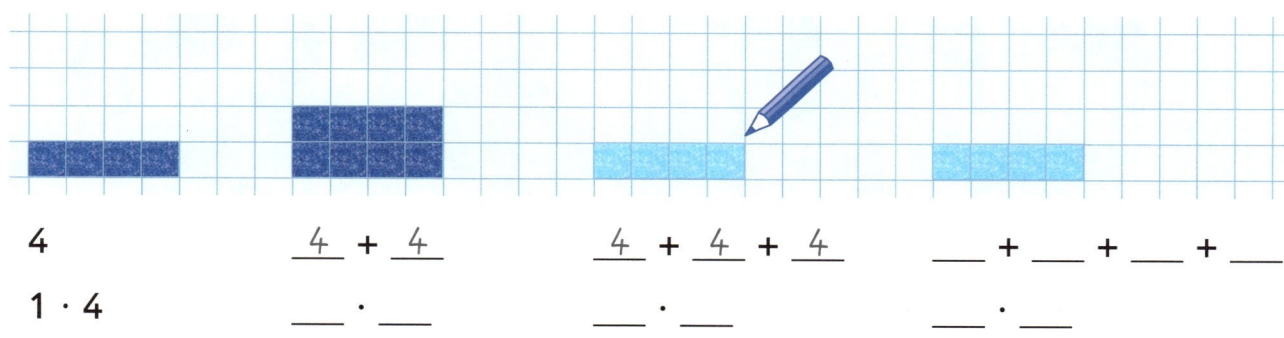

3

1 · 3

3 + 3

___ · ___

3 + 3 + 3

___ · ___

3 + 3 + 3 + 3

___ · ___

4

1 · 4

4 + 4

___ · ___

4 + 4 + 4

___ · ___

___ + ___ + ___ + ___

___ · ___

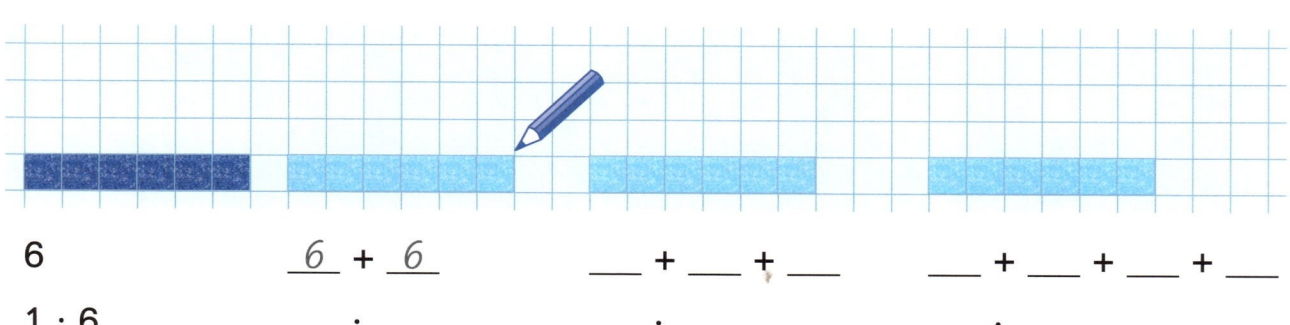

6

1 · 6

6 + 6

___ · ___

___ + ___ + ___

___ · ___

___ + ___ + ___ + ___

___ · ___

Fredo 2 Mathematik – Förderheft © 2018 Cornelsen Verlag GmbH, Berlin

1 Schreibe Aufgabe und Tauschaufgabe.

Aufgabe   Tauschaufgabe   Aufgabe   Tauschaufgabe

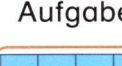 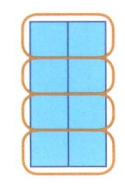 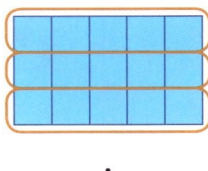 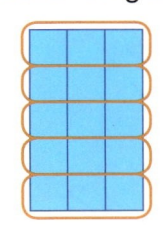

_2_ · _4_   ___ · ___   ___ · ___   ___ · ___

Aufgabe   Tauschaufgabe   Aufgabe   Tauschaufgabe

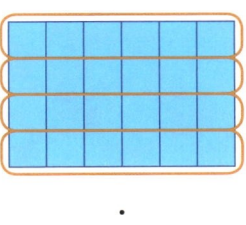 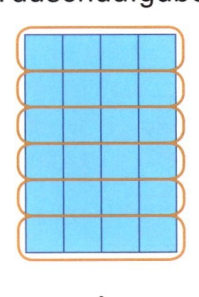  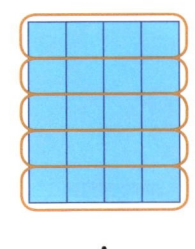

___ · ___   ___ · ___   ___ · ___   ___ · ___

2 Kreise die Portionen ein.

Aufgabe   Tauschaufgabe   Aufgabe   Tauschaufgabe

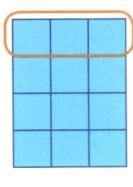 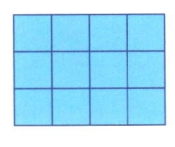 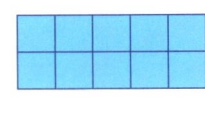 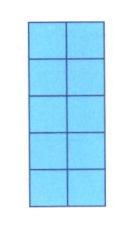

4 · 3   3 · 4   2 · 5   ___ · ___

Aufgabe   Tauschaufgabe   Aufgabe   Tauschaufgabe

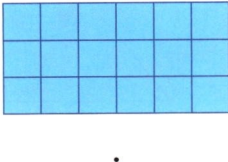 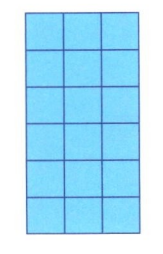 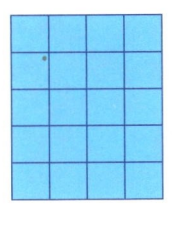 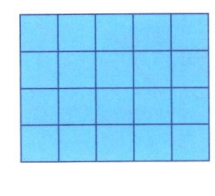

___ · ___   ___ · ___   ___ · ___   ___ · ___

Fredo 2 Mathematik – Förderheft © 2018 Cornelsen Verlag GmbH, Berlin

Malgeschichten

Schreibe die Plusaufgabe und die Malaufgabe auf.

Wie oft?   2

__1__ · 2

2 + 2

___ · 2

2 + 2 + 2

___ · 2

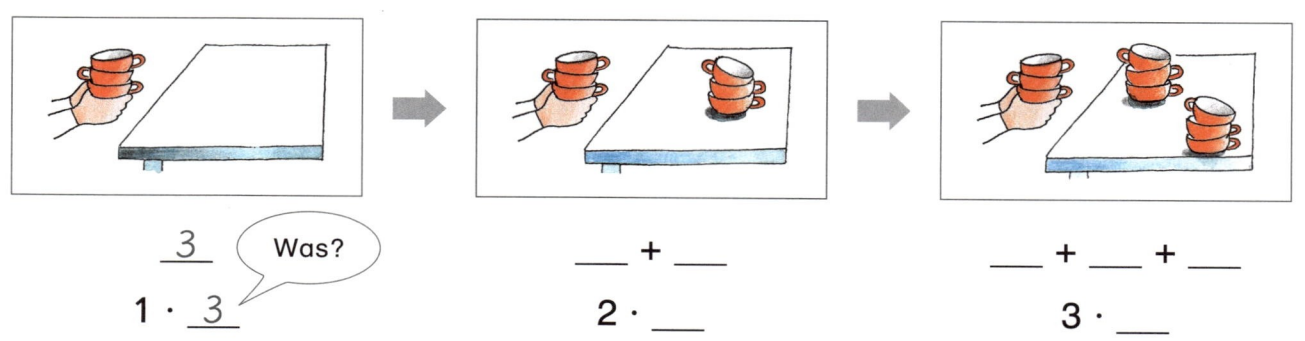

__3__   Was?

1 · __3__

___ + ___

2 · ___

___ + ___ + ___

3 · ___

___

___ · ___

___ + ___

___ · ___

___ + ___ + ___

___ · ___

___

___ · ___

___ + ___

___ · ___

___ + ___ + ___

___ · ___

Fredo 2 Mathematik – Förderheft © 2018 Cornelsen Verlag GmbH, Berlin

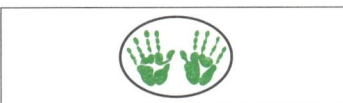  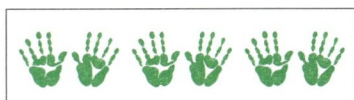

1 Kreise immer 10 Finger ein. Wie viele Finger sind es?

1 · 10 = _____

2 · 10 = _____

3 · 10 = _____

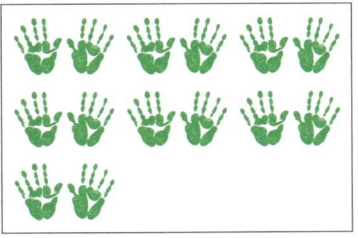

4 · 10 = _____

5 · 10 = _____

6 · 10 = _____

7 · 10 = _____

8 · 10 = _____

9 · 10 = _____

2 Malfelder mit der 10: Rechne.

5 · 10 = _____

3 · 10 = _____

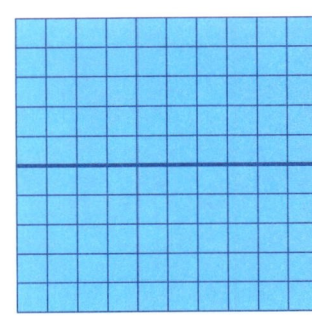

7 · 10 = _____

9 · 10 = _____

10 · 10 = _____

Einmaleins mit 5

1 Kreise immer 5 Finger ein. Wie viele Finger sind es?

1 · 5 = _____

2 · 5 = _____

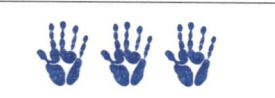

3 · 5 = _____

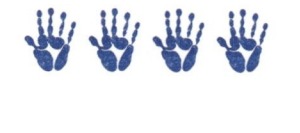

4 · 5 = _____

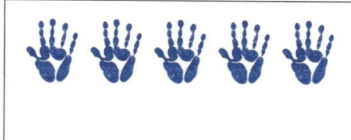

5 · 5 = _____

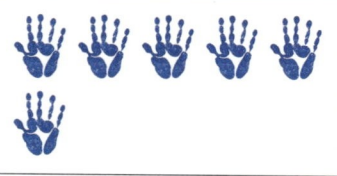

6 · 5 = _____

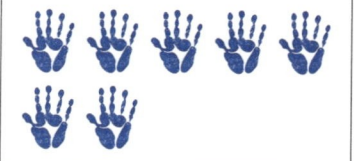

7 · 5 = _____

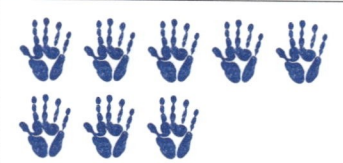

8 · 5 = _____

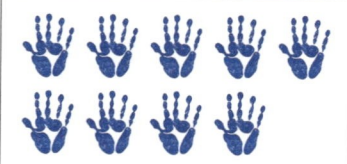

9 · 5 = _____

2 Malfelder mit der 5: Rechne.

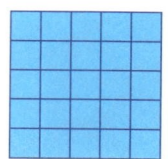

5 · 5 = _____

3 · 5 = _____

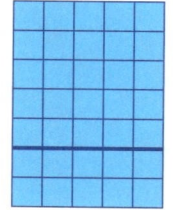

7 · 5 = _____

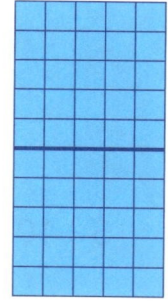

10 · 5 = _____

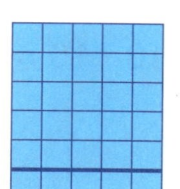

6 · 5 = _____

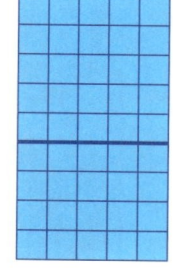

9 · 5 = _____

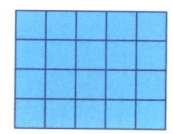

4 · 5 = _____

2 · 5 = _____

Fredo 2 Mathematik – Förderheft © 2018 Cornelsen Verlag GmbH, Berlin

Einmaleins mit 5

1 Malfelder mit der 5: Kreise die Portionen ein und notiere.

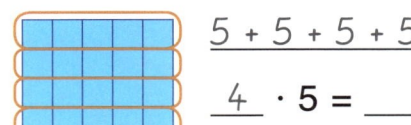 $\underline{5 + 5 + 5 + 5 = 20}$

$\underline{4} \cdot 5 = $ _____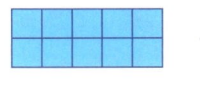

 _____

___ $\cdot 5 = $ _____

_____

___ $\cdot 5 = $ _____

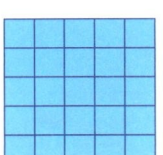 _____

___ $\cdot 5 = $ _____

 _____

___ $\cdot 5 = $ _____

2 Finde eine eigene Rechengeschichte zu 2 · 5 und
male ein Bild dazu.

3 Zwei kleine Malfelder – ein großes Malfeld: Rechne.

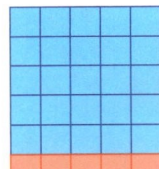 $5 \cdot 5 = $ _____

$1 \cdot 5 = $ _____

$6 \cdot 5 = $ _____

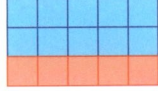 ___ $\cdot 5 = $ _____

___ $\cdot 5 = $ _____

$3 \cdot 5 = $ _____

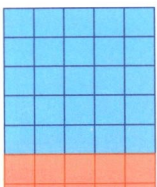 ___ $\cdot 5 = $ _____

___ $\cdot 5 = $ _____

$7 \cdot 5 = $ _____

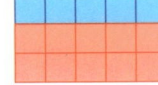 ___ $\cdot 5 = $ _____

___ $\cdot 5 = $ _____

$3 \cdot 5 = $ _____

Fredo 2 Mathematik – Förderheft © 2018 Cornelsen Verlag GmbH, Berlin

Einmaleins mit 2

1 Wie viele Füße haben die Enten zusammen?

1 · 2 = _____

2 · 2 = _____

3 · 2 = _____

4 · 2 = _____

5 · 2 = _____

6 · 2 = _____

7 · 2 = _____

8 · 2 = _____

9 · 2 = _____

2 Malfelder mit der 2: Rechne.

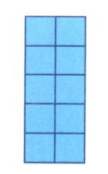

5 · 2 = _____

2 · 2 = _____

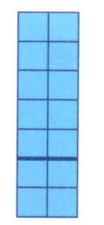

7 · 2 = _____

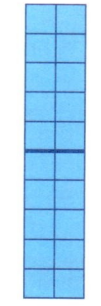

10 · 2 = _____

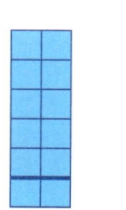

6 · 2 = _____

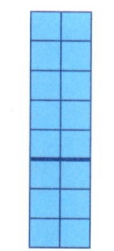

8 · 2 = _____

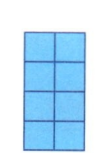

4 · 2 = _____

1 · 2 = _____

Fredo 2 Mathematik – Förderheft © 2018 Cornelsen Verlag GmbH, Berlin

Rechne Aufgabe und Tauschaufgabe.

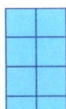 $4 \cdot 2 = \underline{\hspace{2em}}$ $2 \cdot 4 = \underline{\hspace{2em}}$

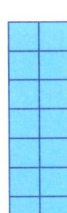 $7 \cdot 2 = \underline{\hspace{2em}}$ 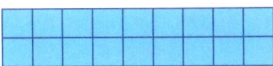 $\underline{\hspace{1.5em}} \cdot \underline{\hspace{1.5em}} = \underline{\hspace{2em}}$

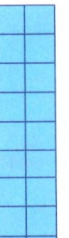 $9 \cdot 2 = \underline{\hspace{2em}}$ 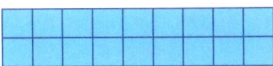 $\underline{\hspace{1.5em}} \cdot \underline{\hspace{1.5em}} = \underline{\hspace{2em}}$

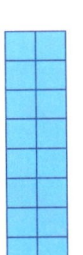 $\underline{\hspace{1.5em}} \cdot \underline{\hspace{1.5em}} = \underline{\hspace{2em}}$ 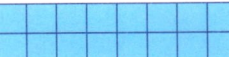 $\underline{\hspace{1.5em}} \cdot \underline{\hspace{1.5em}} = \underline{\hspace{2em}}$

 $\underline{\hspace{1.5em}} \cdot \underline{\hspace{1.5em}} = \underline{\hspace{2em}}$ $\underline{\hspace{1.5em}} \cdot \underline{\hspace{1.5em}} = \underline{\hspace{2em}}$

Fredo 2 Mathematik – Förderheft © 2018 Cornelsen Verlag GmbH, Berlin

1 Wie viele Beine haben die Schildkröten zusammen?

2 · 4 = _____

3 · 4 = _____

4 · 4 = _____

5 · 4 = _____

6 · 4 = _____

7 · 4 = _____

8 · 4 = _____

9 · 4 = _____

10 · 4 = _____

2 🍎 Kernaufgaben

1 · 4 = _____   2 · 4 = _____   5 · 4 = _____   10 · 4 = _____

3 Löse die Malaufgaben mithilfe der Kernaufgaben.

3 · 4 = _____

2 · 4 = __8__

+ 1 · 4 = __4__

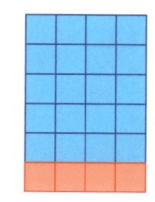

6 · 4 = _____

5 · 4 = _____

+ 1 · 4 = _____

Fredo 2 Mathematik – Förderheft © 2018 Cornelsen Verlag GmbH, Berlin

1 Wie viele Beine haben die Spinnen zusammen?

2 · 8 = _____

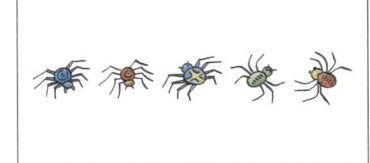

5 · 8 = _____

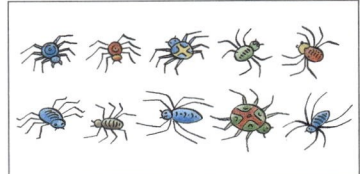

10 · 8 = _____

1 · 8 = _____

8 · 8 = _____

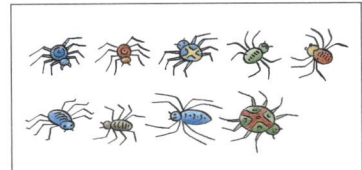

9 · 8 = _____

2 Kernaufgaben

1 · 8 = _____   2 · 8 = _____   5 · 8 = _____   10 · 8 = _____

3 Löse die Malaufgaben mithilfe der Kernaufgaben.

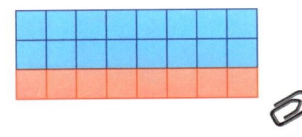

3 · 8 = _____
2 · 8 = _____
(+) 1 · 8 = _____

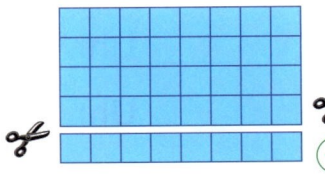

4 · 8 = _____
5 · 8 = _____
(−) 1 · 8 = _____

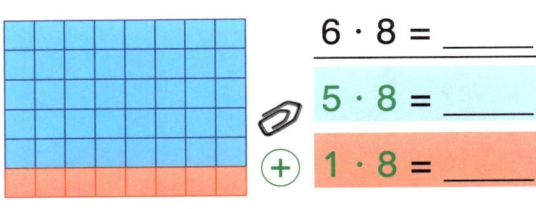

6 · 8 = _____
5 · 8 = _____
(+) 1 · 8 = _____

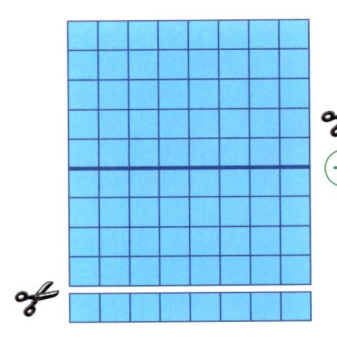

9 · 8 = _____
10 · 8 = _____
(−) 1 · 8 = _____

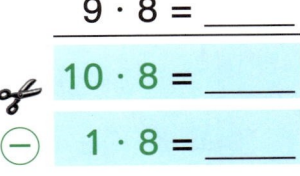

Fredo 2 Mathematik – Förderheft © 2018 Cornelsen Verlag GmbH, Berlin

Stunden

Ein Tag hat 24 Stunden.

Wie spät ist es?

__3__ Uhr

__15__ Uhr

_____ Uhr

_____ Uhr

_____ Uhr

_____ Uhr

_____ Uhr

_____ Uhr

_____ Uhr

_____ Uhr

_____ Uhr

_____ Uhr

_____ Uhr

_____ Uhr

_____ Uhr

_____ Uhr

_____ Uhr

_____ Uhr

_____ Uhr

_____ Uhr

_____ Uhr

_____ Uhr

_____ Uhr

_____ Uhr

Fredo 2 Mathematik – Förderheft © 2018 Cornelsen Verlag GmbH, Berlin

Verbinde.

| 7.45 Uhr | 7.15 Uhr | 7.30 Uhr | 8.00 Uhr |

| 19.15 Uhr | 19.45 Uhr | 20.00 Uhr | 19.30 Uhr |

| 1.30 Uhr | 11.45 Uhr | 8.15 Uhr | 6.45 Uhr |

| 20.15 Uhr | 13.30 Uhr | 18.45 Uhr | 23.45 Uhr |

Fredo 2 Mathematik – Förderheft © 2018 Cornelsen Verlag GmbH, Berlin

Wie viele Minuten sind vergangen?

__5__ Uhr

__30__ min später

_____ Uhr

_____ Uhr

_____ min später

_____ Uhr

_____ Uhr

_____ min später

_____ Uhr

_____ Uhr

_____ min später

_____ Uhr

_____ Uhr

_____ min später

_____ Uhr

Fredo 2 Mathematik – Förderheft © 2018 Cornelsen Verlag GmbH, Berlin

1 Wie viele Beine haben die Hocker zusammen?

$2 \cdot 3 = \underline{\hspace{1.5cm}}$

$5 \cdot 3 = \underline{\hspace{1.5cm}}$

$10 \cdot 3 = \underline{\hspace{1.5cm}}$

$1 \cdot 3 = \underline{\hspace{1.5cm}}$

$8 \cdot 3 = \underline{\hspace{1.5cm}}$

$9 \cdot 3 = \underline{\hspace{1.5cm}}$

2 🍎 Kernaufgaben

$1 \cdot 3 = \underline{\hspace{1.2cm}}$ $2 \cdot 3 = \underline{\hspace{1.2cm}}$ $5 \cdot 3 = \underline{\hspace{1.2cm}}$ $10 \cdot 3 = \underline{\hspace{1.2cm}}$

3 Löse die Malaufgaben mithilfe der Kernaufgaben.

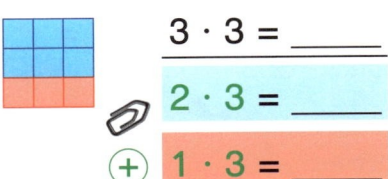

$3 \cdot 3 = \underline{\hspace{1.5cm}}$

$2 \cdot 3 = \underline{\hspace{1.5cm}}$

$+\ 1 \cdot 3 = \underline{\hspace{1.5cm}}$

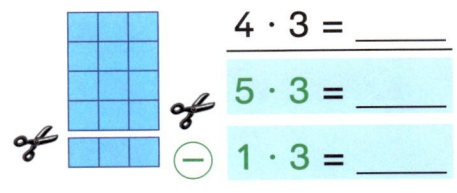

$4 \cdot 3 = \underline{\hspace{1.5cm}}$

$5 \cdot 3 = \underline{\hspace{1.5cm}}$

$-\ 1 \cdot 3 = \underline{\hspace{1.5cm}}$

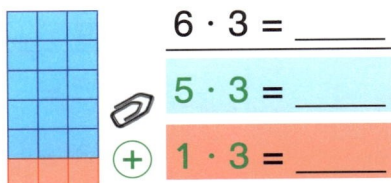

$6 \cdot 3 = \underline{\hspace{1.5cm}}$

$5 \cdot 3 = \underline{\hspace{1.5cm}}$

$+\ 1 \cdot 3 = \underline{\hspace{1.5cm}}$

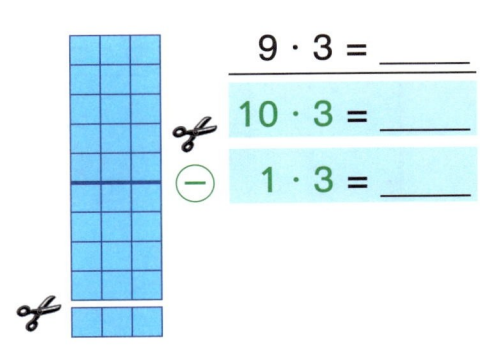

$9 \cdot 3 = \underline{\hspace{1.5cm}}$

$10 \cdot 3 = \underline{\hspace{1.5cm}}$

$-\ 1 \cdot 3 = \underline{\hspace{1.5cm}}$

1 Wie viele Beine haben die Käfer zusammen?

2 · 6 = _____

5 · 6 = _____

10 · 6 = _____

1 · 6 = _____

8 · 6 = _____

9 · 6 = _____

2 🍎 Kernaufgaben

1 · 6 = _____   2 · 6 = _____   5 · 6 = _____   10 · 6 = _____

3 Löse die Malaufgaben mithilfe der Kernaufgaben.

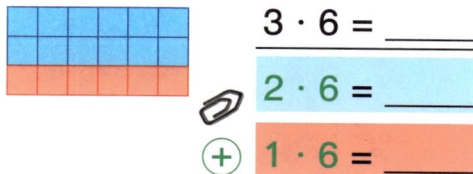

3 · 6 = _____
2 · 6 = _____
(+) 1 · 6 = _____

4 · 6 = _____
5 · 6 = _____
(−) 1 · 6 = _____

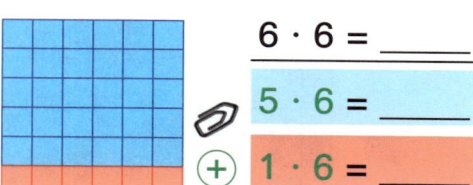

6 · 6 = _____
5 · 6 = _____
(+) 1 · 6 = _____

9 · 6 = _____
10 · 6 = _____
(−) 1 · 6 = _____

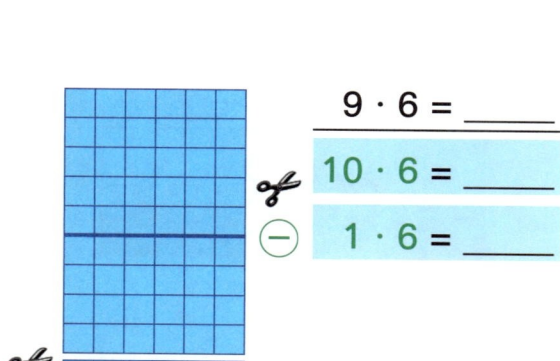

Fredo 2 Mathematik – Förderheft © 2018 Cornelsen Verlag GmbH, Berlin

1 Wie viele Punkte haben die Käfer zusammen?

2 · 7 = _____

5 · 7 = _____

10 · 7 = _____

1 · 7 = _____

8 · 7 = _____

9 · 7 = _____

2 🍏 Kernaufgaben

1 · 7 = _____   2 · 7 = _____   5 · 7 = _____   10 · 7 = _____

3 Löse die Malaufgaben mithilfe der Kernaufgaben.

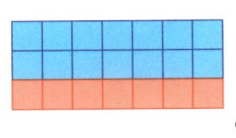

3 · 7 = _____
2 · 7 = _____
(+) 1 · 7 = _____

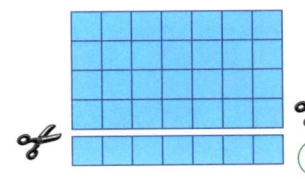

4 · 7 = _____
5 · 7 = _____
(−) 1 · 7 = _____

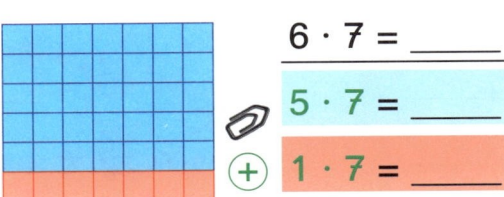

6 · 7 = _____
5 · 7 = _____
(+) 1 · 7 = _____

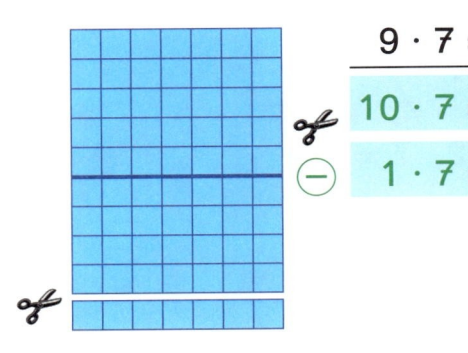

9 · 7 = _____
10 · 7 = _____
(−) 1 · 7 = _____

Fredo 2 Mathematik – Förderheft © 2018 Cornelsen Verlag GmbH, Berlin

1 Einmaleins mit 9: Löse die Kernaufgaben.

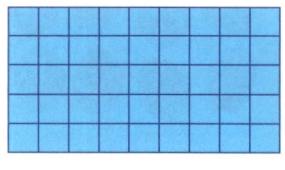

$1 \cdot 9 =$ _____

___ $\cdot$ ___ $=$ _____

___ $\cdot$ ___ $=$ _____

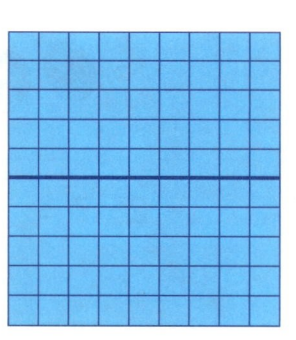

____ $\cdot$ ___ $=$ _____

2 Rechne die Kernaufgaben.

$1 \cdot 2 =$ _____	$1 \cdot 5 =$ _____	$1 \cdot 10 =$ _____
$2 \cdot 2 =$ _____	$2 \cdot 5 =$ _____	$2 \cdot 10 =$ _____
$5 \cdot 2 =$ _____	$5 \cdot 5 =$ _____	$5 \cdot 10 =$ _____
$10 \cdot 2 =$ _____	$10 \cdot 5 =$ _____	$10 \cdot 10 =$ _____

$1 \cdot 3 =$ _____	$1 \cdot 4 =$ _____	$1 \cdot 6 =$ _____
$2 \cdot 3 =$ _____	$2 \cdot 4 =$ _____	$2 \cdot 6 =$ _____
$5 \cdot 3 =$ _____	$5 \cdot 4 =$ _____	$5 \cdot 6 =$ _____
$10 \cdot 3 =$ _____	$10 \cdot 4 =$ _____	$10 \cdot 6 =$ _____

$1 \cdot 7 =$ _____	$1 \cdot 8 =$ _____	$1 \cdot 9 =$ _____
$2 \cdot 7 =$ _____	$2 \cdot 8 =$ _____	$2 \cdot 9 =$ _____
$5 \cdot 7 =$ _____	$5 \cdot 8 =$ _____	$5 \cdot 9 =$ _____
$10 \cdot 7 =$ _____	$10 \cdot 8 =$ _____	$10 \cdot 9 =$ _____

Fredo 2 Mathematik – Förderheft © 2018 Cornelsen Verlag GmbH, Berlin

Das Einmaleins üben

1 Das Einmaleins mit 2, 5 und 10: Rechne.

2 · 5 = _____	2 · 2 = _____	2 · 10 = _____
10 · 5 = _____	10 · 2 = _____	10 · 10 = _____
1 · 5 = _____	1 · 2 = _____	1 · 10 = _____
5 · 5 = _____	5 · 2 = _____	5 · 10 = _____
3 · 5 = _____	3 · 2 = _____	3 · 10 = _____
6 · 5 = _____	6 · 2 = _____	6 · 10 = _____
4 · 5 = _____	4 · 2 = _____	4 · 10 = _____
8 · 5 = _____	8 · 2 = _____	8 · 10 = _____
9 · 5 = _____	9 · 2 = _____	9 · 10 = _____

2 Rechne die Kernaufgaben.

2 · 4 = _____	5 · 4 = _____	10 · 4 = _____
2 · 6 = _____	5 · 6 = _____	10 · 6 = _____
2 · 8 = _____	5 · 8 = _____	10 · 8 = _____
2 · 3 = _____	5 · 3 = _____	10 · 3 = _____
2 · 9 = _____	5 · 9 = _____	10 · 9 = _____
2 · 7 = _____	5 · 7 = _____	10 · 7 = _____

3 Rechne die Quadrataufgaben.

2 · 2 = _____	3 · 3 = _____	9 · 9 = _____
5 · 5 = _____	8 · 8 = _____	6 · 6 = _____
10 · 10 = _____	4 · 4 = _____	7 · 7 = _____

Fredo 2 Mathematik – Förderheft © 2018 Cornelsen Verlag GmbH, Berlin

1 Löse die Rechenmauern.

2 Löse die Rechenmauern.

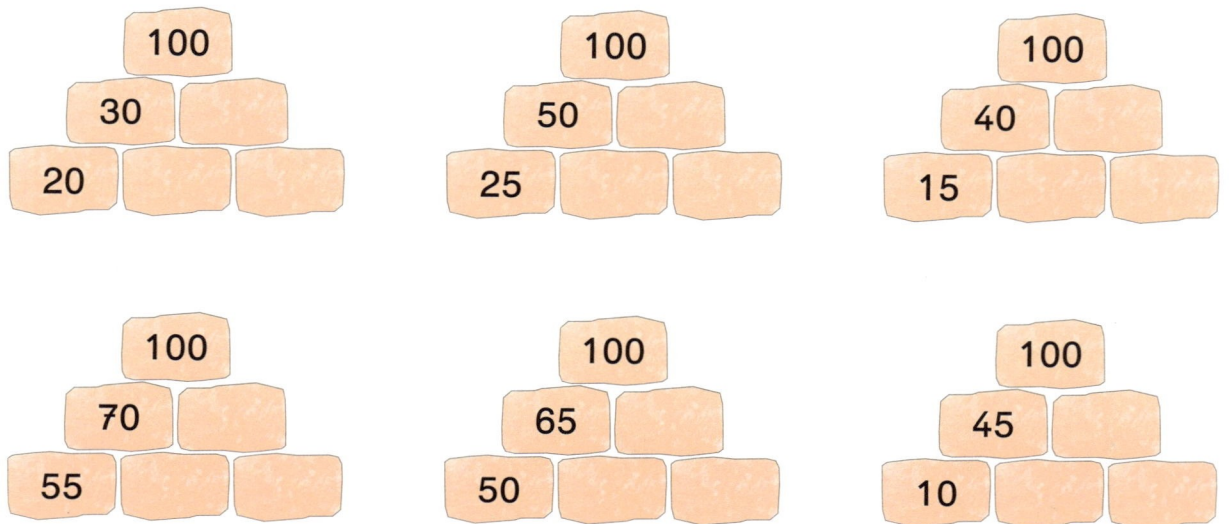

Fredo 2 Mathematik – Förderheft © 2018 Cornelsen Verlag GmbH, Berlin

1 Miss genau.

├─────────────────────┤
_____ cm

├───┤
_____ cm

├──────────┤
_____ cm

├─────────────────────────────────┤
_____ cm

├──────────────────────────────┤
_____ cm

├────────────────────┤
_____ cm

├───┤
_____ cm

├───────────────────────────────┤
_____ cm

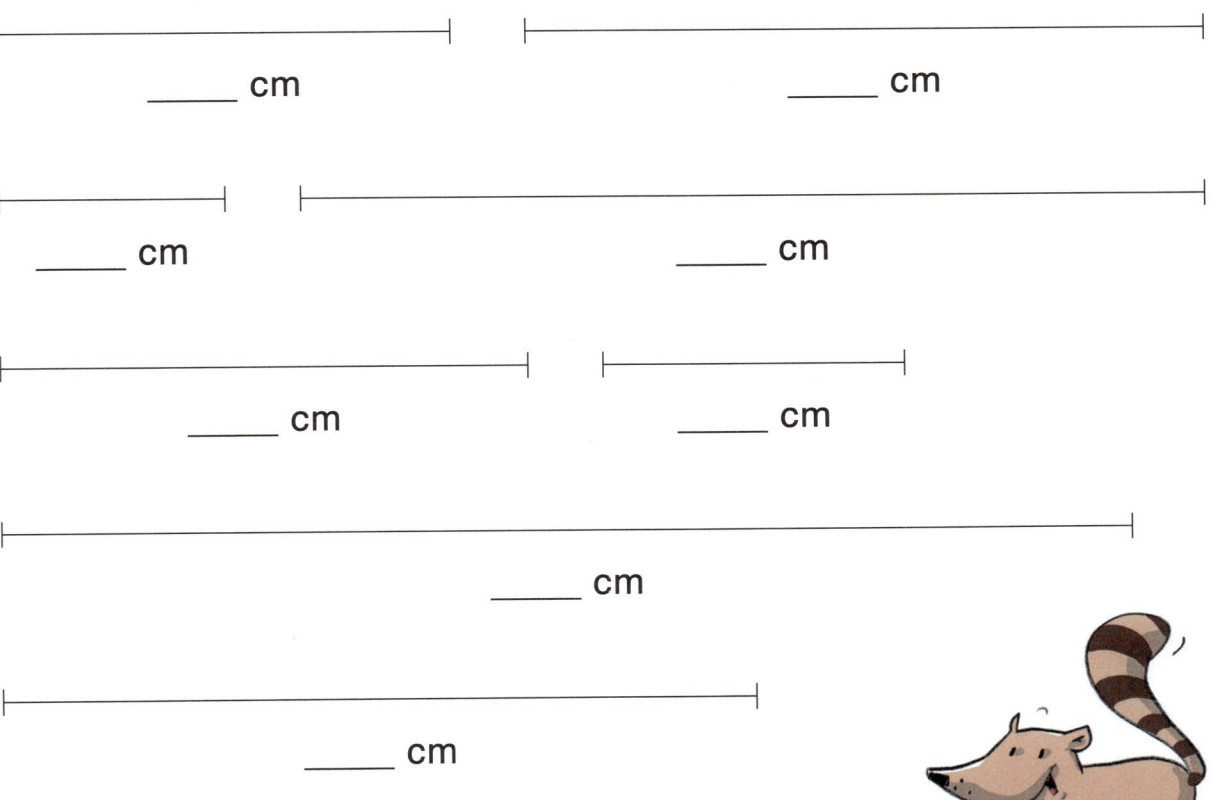

2 Zeichne mit dem Lineal.

7 cm ├──

12 cm ├──

9 cm ├──

2 cm ├─

5 cm ├──

14 cm ├──

8 cm ├──

Kreuze richtig an.

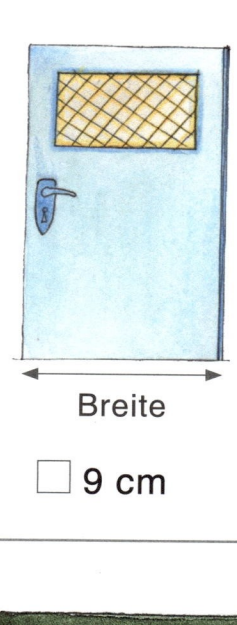

Breite

☐ 9 m   ☐ 9 cm   ☐ 90 cm

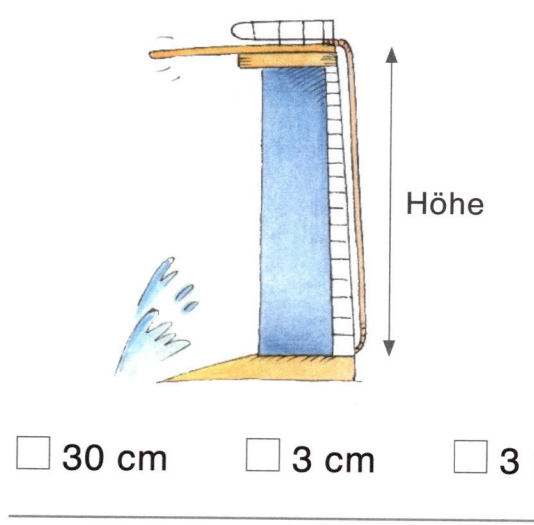

Höhe

☐ 30 cm   ☐ 3 cm   ☐ 3 m

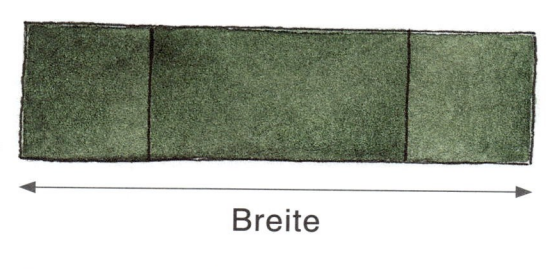

Breite

☐ 4 cm   ☐ 40 cm   ☐ 4 m

Höhe

☐ 7 m   ☐ 70 cm   ☐ 7 cm

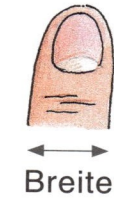

Breite

☐ 1 m   ☐ 1 cm   ☐ 10 cm

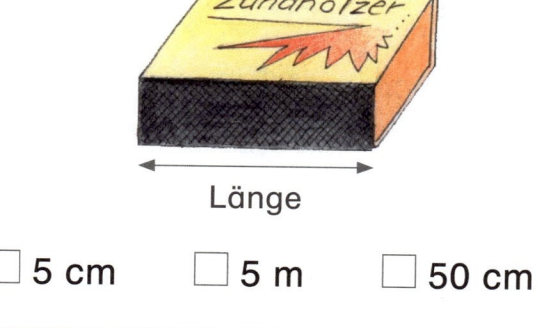

Länge

☐ 5 cm   ☐ 5 m   ☐ 50 cm

Länge

☐ 3 cm   ☐ 30 cm   ☐ 3 m

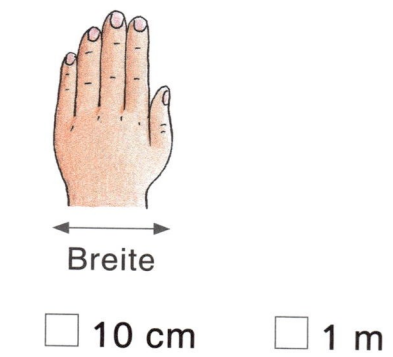

Breite

☐ 10 m   ☐ 10 cm   ☐ 1 m

Fredo 2 Mathematik – Förderheft © 2018 Cornelsen Verlag GmbH, Berlin

1 Immer eine Geschichte, Frage, Rechnung und Antwort gehören zusammen. Verbinde. Ergänze, was fehlt.

Fredo schießt drei Tore und Fips trifft zweimal ins Tor.

Fredo hat eine Schachtel mit 25 Pralinen. Er hat schon 12 Stück gegessen.

Fragen:

Wie viele Pralinen sind noch übrig?

Wie viele Tore schießen sie insgesamt?

Rechnungen:

25 + 12 = _____

25 – 12 = _____

3 + 2 = _____

Antworten:

Es sind noch _____ Pralinen übrig.

Sie schießen insgesamt _____ Tore.

2 Eine Rechnung bleibt übrig. Schreibe dazu eine Rechengeschichte.

_____

_____

_____

_____

Verteilen

1 Verteile 12 Luftballons an 3 Kinder.

12 : 3 = ___

Jedes Kind bekommt

___ Luftballons.

2 Verteile 10 Luftballons an 2 Kinder.

10 : 2 = ___

Jedes Kind bekommt

___ Luftballons.

3 Verteile 15 Luftballons an 5 Kinder.

15 : 5 = ___

Jedes Kind bekommt

___ Luftballons.

4 Verteile 16 Luftballons an 4 Kinder.

16 : 4 = ___

Jedes Kind bekommt

___ Luftballons.

Fredo 2 Mathematik – Förderheft © 2018 Cornelsen Verlag GmbH, Berlin

Kreise ein.

Immer 3 Blumen in eine Vase.

9 : 3 = ___

Man braucht ___ Vasen.

Immer 3 Äpfel auf einen Teller.

12 : 3 = ___

Man braucht ___ Teller.

Immer 5 Muffins auf einen Teller.

15 : 5 = ___

Man braucht ___ Teller.

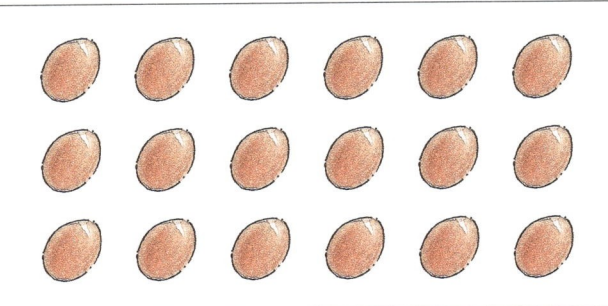

Immer 6 Eier in einen Karton.

18 : 6 = ___

Man braucht ___ Kartons.

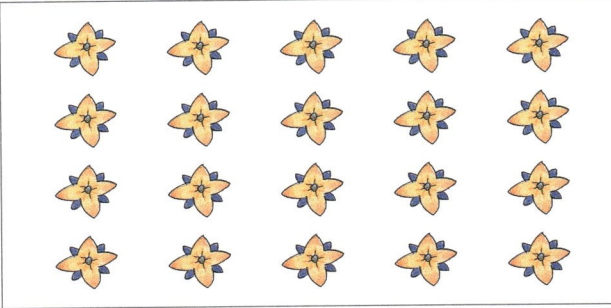

Immer 5 Blumen in eine Vase.

20 : 5 = ___

Man braucht ___ Vasen.

Umkehraufgaben

Kreise ein.

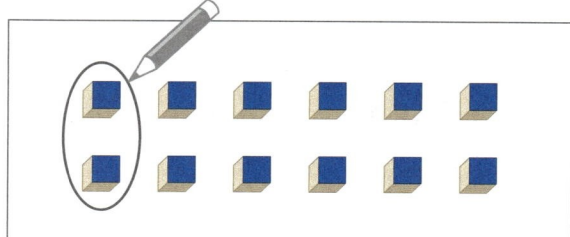

12 : 2 = _____

___ · 2 = _____

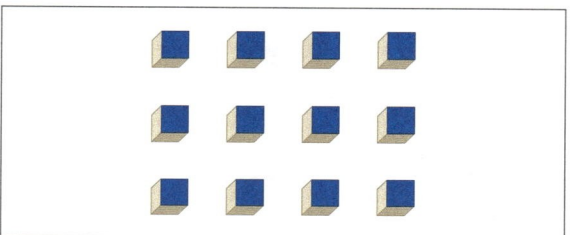

12 : 4 = _____

___ · 4 = _____

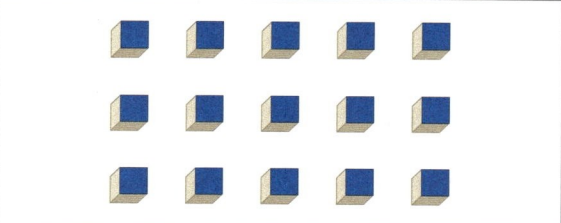

15 : 5 = _____

___ · 5 = _____

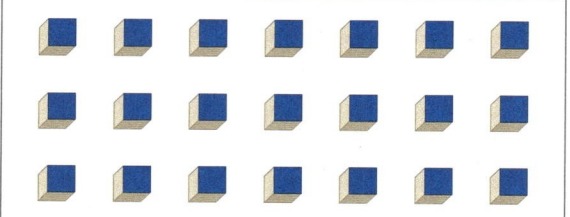

21 : 3 = _____

___ · 3 = _____

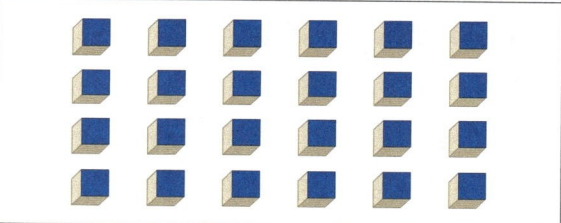

24 : 4 = _____

___ · 4 = _____

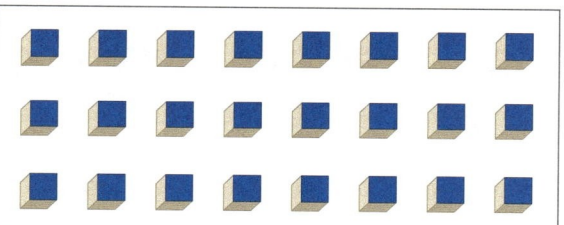

24 : 3 = _____

___ · 3 = _____

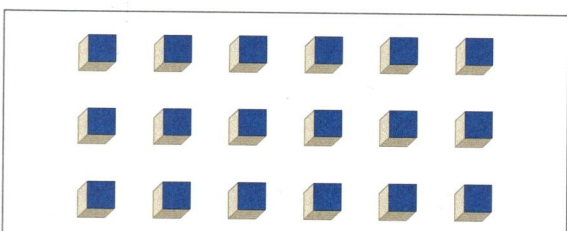

18 : 3 = _____

___ · 3 = _____

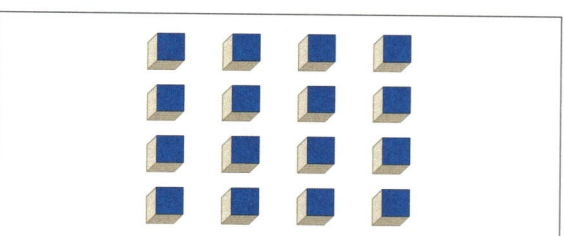

16 : 4 = _____

___ · 4 = _____

Fredo 2 Mathematik – Förderheft © 2018 Cornelsen Verlag GmbH, Berlin

3 Zahlen – 4 Aufgaben

2	8	16

2 · 8 = *16*

8 · 2 =

16 : 8 =

16 : 2 =

5	3	15

5 · 3 =

3 · 5 =

15 : 3 =

15 : 5 =

10	40	4

10 · 4 =

4 · 10 =

40 : 4 =

40 : 10 =

5	7	35

☐ · ☐ = 35

☐ · ☐ = 35

35 : ☐ =

35 : ☐ =

8	5	40

☐ · ☐ = 40

☐ · ☐ = 40

40 : ☐ =

40 : ☐ =

2	14	7

☐ · ☐ = 14

☐ · ☐ = 14

14 : ☐ =

14 : ☐ =

6	10	60

☐ · ☐ =

☐ · ☐ =

☐ : ☐ =

☐ : ☐ =

6	2	12

☐ · ☐ =

☐ · ☐ =

☐ : ☐ =

☐ : ☐ =

5	45	9

☐ · ☐ =

☐ · ☐ =

☐ : ☐ =

☐ : ☐ =

Fredo 2 Mathematik – Förderheft © 2018 Cornelsen Verlag GmbH, Berlin

Teilen üben

1 Rechne.

10 : 2 = _____	30 : 5 = _____	35 : 5 = _____
40 : 10 = _____	60 : 10 = _____	12 : 2 = _____
14 : 2 = _____	18 : 2 = _____	45 : 5 = _____
20 : 5 = _____	15 : 5 = _____	6 : 1 = _____
7 : 1 = _____	90 : 10 = _____	16 : 2 = _____

100 : 10 = _____	9 : 1 = _____	16 : 4 = _____
10 : 5 = _____	25 : 5 = _____	49 : 7 = _____
30 : 10 = _____	70 : 10 = _____	36 : 6 = _____
8 : 2 = _____	10 : 10 = _____	81 : 9 = _____
20 : 2 = _____	40 : 5 = _____	64 : 8 = _____

2 Rechne. Bilde auch die Umkehraufgabe.

50 : 10 = _____ ___ · 10 = _____	9 : 1 = _____ ___ · 1 = _____	35 : 5 = _____ ___ · 5 = _____
14 : 2 = _____ ___ · 2 = _____	60 : 10 = _____ ___ · 10 = _____	40 : 5 = _____ ___ · 5 = _____
15 : 5 = _____ ___ · 5 = _____	16 : 2 = _____ ___ · 2 = _____	80 : 10 = _____ ___ · 10 = _____

Fredo 2 Mathematik – Förderheft © 2018 Cornelsen Verlag GmbH, Berlin

Wie viel Eintritt müssen sie bezahlen?

Rechnung: _____ € + _____ € = _____ €

Antwort: Sie müssen _____ € bezahlen.

Rechnung: _____ € + _____ € + _____ € = _____ €

Antwort: Sie müssen _____ € bezahlen.

Rechnung: _____

Antwort: Sie müssen _____ € bezahlen.

Rechnung: _____

Antwort: Sie müssen _____ € bezahlen.

Fredo 2 Mathematik – Förderheft © 2018 Cornelsen Verlag GmbH, Berlin

➡ Beilage zum Schülerbuch: Rechengeld

Besuch im Streichelzoo

Wie viel Euro kostet es?

Frage: Wie viel Euro muss Olga bezahlen?

Rechnung: _____ € + _____ € = _____ €

Antwort: Olga muss _____ € bezahlen.

Frage: Wie viel Euro muss Ben bezahlen?

Rechnung: _____ € + _____ € = _____ €

Antwort: Ben muss _____ € bezahlen.

Frage: Wie viel Euro muss Luis bezahlen?

Rechnung: _____ € + _____ € = _____ €

Antwort: Luis muss _____ € bezahlen.

Frage: Wie viel Euro müssen sie bezahlen?

Rechnung: _____ € + _____ € + _____ € = _____ €

Antwort: Sie müssen _____ € bezahlen.

➡ Beilage zum Schülerbuch: Rechengeld

Fredo 2 Mathematik – Förderheft © 2018 Cornelsen Verlag GmbH, Berlin